商业新闻出版公司和轻松读文化事业有限公司提供内容支持

美国的商业大佬们

轻松读大师项目部　编

中国言文出版社

图书在版编目（CIP）数据

美国的商业大佬们：大字版/轻松读大师项目部编．—北京：中国盲文出版社，2018.1

ISBN 978-7-5002-7869-6

Ⅰ.①美…　Ⅱ.①轻…　Ⅲ.①企业家—生平事迹—美国　Ⅳ.①K837.125.38

中国版本图书馆 CIP 数据核字（2017）第 091384 号

本书由轻松读文化事业有限公司授权出版

美国的商业大佬们

编　　者：轻松读大师项目部
出版发行：中国盲文出版社
社　　址：北京市西城区太平街甲 6 号
邮政编码：100050
印　　刷：北京新华印刷有限公司
经　　销：新华书店
开　　本：787×1092　1/16
字　　数：73 千字
印　　张：12
版　　次：2018 年 1 月第 1 版　2018 年 1 月第 1 次印刷
书　　号：ISBN 978-7-5002-7869-6/K·562
定　　价：40.00 元
销售热线：（010）83190289　83190292　83190297

出版前言

数字文明为我们求知问道、拓展格局带来空前便利，同时也使我们深受信息过剩、知识爆炸的困扰。面对海量信息，闭目塞听、望洋兴叹固非良策，不分主次、照单全收更无可能。时代快速变化，竞争不断升级，要想克服本领恐慌，防止无知而盲、少知而迷，需尽可能将主流社会的最新智力成果内化于心、外化于行，如此才能更好地顺应时代，提高成功概率。为使读者精准快速地把握分散在万千书卷中的新理念、新策略、新创意、新方法，我们组织编写了这套《好书精读丛书》。

这套书旨在帮助读者提高阅读质量和效率。我们依托海内外相关知识服务机构十多年的持续积累，博观约取，从经济管理、创业创新、投资理财、营销创意、人际沟通、名企分析等方面选取数百种与时俱进又经世致用的好书分类整合，凝练出版。它们或传播现代经管新知，或讲授实用营销技巧，或聚焦创新创业，或分析成功者要素组合，真知云集，灼见荟萃。期待这些凝聚着当代经济社会管理创新创意亮点的好书，能为提升您的学识见解和能力建设提供优质有效便捷的阅读资源。

聚焦对最新知识的深度加工和闪光点提炼是这套书的突出特点。每本书集中解读4种主题相关的代表性好书，以“要点整理”“5分钟摘要”“主题看板”“关键词解读”“轻松读大师”等栏目精炼呈现各书核心观点，崇真尚实，化繁为简，您可利用各种碎片化时间在赏心悦目中取其精髓。常读常新，明辨笃行，您一定会悟得更深更透，做得更好更快。

好书不厌百回读，熟读深思子自知。作为精准知识服务的一次尝试，我们期待能帮您开启高效率的阅读。让我们一起成长和超越！

目　录

企业界一直有着无数的秘诀、无数的传奇，但最重要的秘诀，仍然是建立人与人之间的关系。企业领导要想建立良好的客户关系，就不能只坐在办公桌后面，而是得起身而行，亲身体验不同的文化、接触不同的客户，真正了解客户的喜好和需求，并据此提供最有效的服务。领导唯有亲自走入市场，才能在业界脱颖而出。这正是万豪国际酒店集团从一家啤酒屋到坐拥全球400家五星级酒店的经营秘诀。

乐高积木是许多人童年的玩具，也是许多创意的“启蒙老师”。乐高曾经被媒体冠以“世纪玩具”的美名，然而在新世纪之初，乐高却濒临破产。同一个“创新7原则”，既让乐高跌入谷底，甚至沦为最差品牌，也让乐高重上巅峰，再现辉煌。这一落一起铸就了乐高戏剧性的传奇。它展示的不仅是起死回生的历程，还有更为复杂、深刻的创新管理理念。

桑迪·韦尔被称为证券界的奇葩。我们看到的每一朵奇葩都蕴藏着神奇的力量，它们或许来自先天的遗传，或许来自后天的环境。

1955年夏天，桑迪·韦尔未能如期拿到大学毕业证书。百无聊赖之际，他被证券公司的快节奏所吸引。尽管被知名的证券公司拒之门外，但他还是进入了一家小小的证券公司。从此，桑迪·韦尔一路高歌，在证券界、金融界叱咤风云。

雷麦克斯房地产公司（RE/MAX）的核心理念是“人人都是赢家”，这也是其创始人戴维·李尼杰的人生梦想。从租一张办公桌创业开始，李尼杰的梦想就是创办全世界最好、最大的房地产经销网络，让所有人——客户、经纪人、业主、员工，都成为赢家。30年，梦想成真！如今，雷麦克斯房地产公司已是业界翘楚。

万豪传奇

You Can't Lead With Your Feet on the Desk

原著作者简介

埃德·富勒(Ed Fuller)，毕业于波士顿大学及哈佛大学企管学院，亦曾加入美国陆军前往德国、越南，并获颁铜星勋章及陆军奖章，于1972年加入万豪集团，历任多个职务，最后担任万豪国际酒店集团的总裁兼执行董事。

本文编译：林俊宏

主要内容

主题看板

走出办公室的经理人

市面上关于经营管理的书数不胜数，企业顾问、管理学专家、商学院教授讲得头头是道，但实际由国际级企业资深总裁所执笔的领导心得却很少见。全球知名的五星级酒店集团总裁兼执行董事埃德·富勒，将多年来领导万豪集团的成功秘诀化为7个传家宝，也就是七大信念，与所有企业主管分享。

他强调企业经理人绝对不能只坐在办公桌后面，必须走出去实际接触员工及客户，亲身体验各地的文化差异，学着与人面对面坦诚沟通，时时展现对人的重视与尊重。唯有这样，才能与员工及客户建立优质关系及紧密的联系，让员工更乐于为企业贡献力量，让客户在各种细节上拥有更好的体验。有些原则或许听来老生常谈，却是现在许多企业高级经理人不经意就忽略的关键。埃德·富勒以讲故事的方式阐述万豪集团的七大信念以及经理人如何真正成为“交心的领导”。

5分钟摘要

万豪集团的七大信念

要与员工、客户建立优质关系，绝不能只坐在办公桌后面。作为企业领导者，你必须起身而行，去了解人们的实际需求，体验不同的文化。这正是万豪国际酒店集团从一家啤酒屋起家到坐拥全球400家五星级饭店的经营秘诀。

现代企业已打破一切界线，拥有无数的成功秘诀，但企业成功最重要的秘诀，仍然在于建立人与人之间的关系。然而，想建立关系，不能只坐在办公桌后面，而是得起身而行，亲身体验不同的文化，接触不同的客户。一定要有第一手的体验，你才能真正了解客户的喜好和需求，并据此提供最有效的服务。唯有亲自走入市场去领略，一一建立起关系，你才能在业界脱颖而出。

万豪集团的七大信念如下。

◎坚持正确的价值观——价值观是建立业务关系的基础。

◎尊重是情感的起源——敬人者，人恒敬之。

◎信任不会凭空出现——在一次次分享经验之后，信任才会产生。

◎学习沟通的技巧——想要有效率，就必须能够清楚地传达指令。

◎承担最困难的工作——身先士卒，做最困难的工作。

◎了解不同的文化——文化是根深蒂固的观念，不能忽视。

◎建立并培养业务关系——与客户建立并维持紧密关系，才能占据竞争优势。

轻松读大师

一　坚持正确的价值观

想要维持良好的业务关系并取得成功，至少有一方得有一套明确的道德标准作为业务关系坚实的基础，并有完整可靠的价值观可供依循。

任何业务关系若能长久维系，必然有价值观的支持。以万豪集团为例，其价值观来自创始人约翰·威拉德·马里奥特夫妇。1927 年初，公司不过是华盛顿特区一家只有 9 个座位、名为“A&W”的啤酒屋。马里奥特夫妇两人不断追求完美，也不断寻找新的机会。

不久后，马里奥特夫妇开始卖墨西哥菜，把啤酒屋的名字改为“热辣铺子”，并逐步发展为连锁经营。马里奥特先生要求，菜单上每道菜都必须保证全天新鲜，顾客随时都可外带享用。他也系统地研究了业务的各个层面，找出了一个

“最务实”的做法，并应用到每家分店。最后的成果就是，顾客不论光临哪一家分店，都能得到同样的高品质服务。

1937年的一天，马里奥特先生看到顾客在机场附近的“热辣铺子”买了三明治和咖啡，准备在飞机上享用。他便和美国东方航空公司的老板艾迪·雷肯拜克联络，提议由自己的公司来为飞机乘客提供现成的餐点。雷肯拜克很喜欢这个建议。于是，马里奥特先生成立了一家餐饮配送公司，后来这家公司成为全球最大的航空餐饮公司。

1958年，马里奥特夫妇买下了第一家酒店，这也是万豪集团的第一家酒店。该酒店位于弗吉尼亚州的阿灵顿，共有365间客房。酒店的经营十分成功，等到第二代的小马里奥特先生在1964年接手公司业务时，他将公司的业务重心从餐饮转到住宿。当时酒店业的巨擘有希尔顿酒店和豪生酒店，但在短短6年内，万豪酒店的收入和利润便超过了这两家。

在 20 世纪 70 年代末，万豪的标准运作模式是建造新的酒店，再转卖给其他公司，并附带一纸管理合约。然而，90 年代初经济衰退，万豪当时还有总值超过 20 亿美元的酒店资产正在兴建，市场对于酒店的需求却大幅降低。公司苦撑过这段经济衰退的时期后改走新的路线：第三方自行兴建酒店，但由万豪来提供品牌、服务及管理，再向第三方收取基本管理费；建立由酒店利润来决定奖金额度的奖励机制。与此同时，万豪还采取了连锁加盟和多品牌策略。今天的万豪国际酒店集团名下共有 18 种品牌。

在 20 世纪 90 年代，万豪开始拓展国际酒店业务，并决定首先进军日本、德国、英国和法国等国际旅客人数较多的国家。只要旅客在本国已熟悉万豪这个品牌，等他们哪天到了美国，就有可能选择下榻万豪酒店。因此，万豪集团首先就要在这些国家打开知名度。

一直以来，万豪集团能取得傲人的成绩，背后统合一切的核心因素就是公司的价值观，他们内部称之为“万豪风格”。简单来说，这种管理模式就是要结合实务，管理者不只是坐在办公桌后面指挥。万豪的经理必须实际体验各种细节，也正是这些细节决定了顾客是否能有最佳的体验。此外，他们也用传统的方法来建立关系——一次只专心对待一个对象。

从万豪的故事可以看出坚持正确的价值观能够获得成功。万豪的价值观有以下 6 个特点。

◎能够坚持原则，尤其是高风险的时候。

总是有些诱惑，可能会让你做一些与自己价值体系背道而驰的事。这时你必须能够抗拒诱惑，才能去除对未来行事的任何不确定性。短期而言虽有可能遇到困难，但其他人会了解你的立场，而这有助于你建立业务关系。

◎诚实不仅是最好的策略，更是唯一有效的策略。

对于你所信奉的价值观以及你为何重视它们，你要一直保持公开和坦诚的态度。如果你希望团队成员都支持自己的价值观，就要以身作则，让他们看到你身体力行、别无二心。

◎绝不放松，一有机会就要灌输你的价值观。

抓住每个机会来讨论你的价值观，并说明它们能带来的好处。

◎管理者必须亲自到场，别无他法。

绝不能离开第一线。你要走出办公室，确认员工的行为符合你的价值观和标准。对某个问题有近距离的了解，对你绝对有利。

◎公司想要成功，就要有价值体系。

公司总结出一套共同的价值观之后，就可以放手让员工自由发展。让共有的价值观成为一切行为的依据，也可以避免混乱和不信任的问题。

◎价值观永远出自领导者的心灵。

公司的价值观，永远出自领导者的心中。这

勉强不来，价值观要深深埋在每位领导者的心里，并反映在他的日常行为上。也就是说，公司伦理的好坏，责任就在领导者身上。因此，领导务必亲自践行正确的价值观。

关键思维

大多数的企业领导者只要开车到工厂或是搭电梯到一楼的货物装卸区就能看到文化差异。换句话说，如果你现在只是整天和其他经理开会，坐在办公桌前处理工作，是时候做点改变，去开开眼界，拉近和企业业务的关系了。

——埃德·富勒

领导者的素质反映在他们的自我标准上。

——雷·克洛克

只从办公桌的角度来看世界是件危险的事。

——约翰·勒·卡雷

二　尊重是情感的起源

如果希望得到同事和伙伴的尊重，你必须先学会尊重他们。要展现你对第一线人员的尊重，最好的方式通常是要有明确的内部升迁政策。

全美最大的电影租片网站网飞（Netflix）公司有一套令人印象深刻的管理模式——唯一的明文规定就是“以公司的最佳利益行事”。该公司有2000多名员工，不管是工时、假期或是薪资福利，都由员工自己决定。因此，他们全都成为负责任的企业员工，即便是在个别情况下有哪位员工做得太过火，仅仅是来自同事的压力，通常便足以让违规的人感到后悔并改过。

网飞公司的人力资源经理曾说：“公司想留住好的人才，就要让他们有机会做重要的工作。如果只是为了股票选择权，而无法投入工作、享受工作，这种员工我也不想要。”

要先尊重他人，对方才会有好的回应，这是一项简单明了、无可否认的事实。

只要你能看到员工的努力、找到方法突显他们的成就，员工就会为你全力付出。制订一些奖励计划，让人看到员工个人的成就，并加以鼓励。如果能用有意义的方式对员工的行为进行肯定，他们在未来就可能做得更好。另外，也要持续进行培训，让员工能够取得升迁所需的技能，而且无论经济形势好坏，这些培训计划都不能中断。

同样的原则也适用于合作伙伴。只要让他们知道你有多重视他们的付出，未来他们就可能付出得更多。相反，如果你让他们觉得自己无关紧要，就会产生负面的效果。

就算是对手，展现对彼此的尊重也是聪明的做法。让对手感受到你对他们的尊敬，有时候能化解激烈的争吵甚至暴力冲突。

要展现对员工的尊重，真正的黄金法则就是

内部升迁制度。一方面告诉员工他们是公司的未来，一方面要用各种定期升迁及培训机会来证明自己并非空口说白话。如此一来，员工的工作动力便会大幅提升。必须让员工相信，只要认真付出，就能在公司里有升迁的机会。

“万豪风格”就是展现对人的尊重，有如下5个关键原则。

◎别忘了自己是在和人互动，时时都要注意。

尊重不是偶尔的事。作为领导，不论你喜欢与否，你都像一位站在台上的演员，必须谨慎小心。员工会时时观察你的行为，从中归纳出什么是可行、什么是不可行的行为。如果你对回答问题没有耐心，他们也不会有耐心。如果碰到问题时你没有听取双方的说法，你的员工也就不会有这种习惯。领导的所作所为，都必须能够激励员工，并值得他们尊重。

◎礼尚往来——想得到尊重，要先尊重

对方。

尊重体现在两个层面：第一，为了在国际酒店业出类拔萃，万豪集团会尊重所在国家的每一位顾客；第二，要尊重每一位员工的独特之处。如果你自以为比员工了不起，就永远得不到他们的尊重。要先尊重对方，才能得到对方的尊重。

◎提供可行的内部升迁渠道。

这能明确显示你的尊重是认真的。所以，要尽全力落实内部升迁制度。这表明你对自己的员工有信心，觉得他们能在未来承担更多的责任。同时也让员工看到，只要工作表现好，就能得到正面、实际的回报。

◎让员工发挥最大的潜能。

为员工提供全面、系统的培训，并协助员工升迁。你在培训上投资越多，员工就会越明了你是真正尊重他们的。在这个部分偷工减料，则不利于内部升迁的实施，容易释放出各种不当的信息。万豪集团在与所有员工的合约中，都有明确的员工培训计划和支出，确保即使经济形势有变，培训计划也不会被取消。这会发出一个非常明确的信息，告诉员工培训的重要性。

◎别紧迫盯人——员工都是负责的成人，不要把他们当小孩。

如果你让员工有安排部分工作的自由，等于告诉员工你尊重他们的判断。唯一的重点是要告诉他们“自由”也代表“为结果负责”。你只需要提醒员工，让他们自由安排休假、自行决定上班方式，代表他们必须能交出优异的工作成果。工作成果才是各种想法最后的试金石。

关键思维

雇用到真正的人才之后，必须将一块业务交给他们，让他们来运作。而我的工作，就是找出我们已有的优秀人才，推他们一把，让他们变得更优秀。

——史蒂夫·乔布斯

想赢得合作伙伴、顾客和同事的尊重并不容易，但领导者一开始就有一项优势：员工都希望为他们尊重的人工作，而你的头衔，正代表你有值得尊敬的知识和经验。你必须展现符合员工期望的能力。

——埃德·富勒

三　信任不会凭空出现

如果要维系长期、有效的业务关系，就不能没有信任，而这需要双方为彼此付出，并相互受益。说到打造双方的信任关系，最终的责任其实落在领导者身上。只要领导者表现出力挺到底的气魄，就能赢得信任。

信任常常是在逆境的烈焰中炼就的。每次你的员工或伙伴碰到重大难题，都是提升关系中信任度的大好时机。如果希望大家的合作能够产生良好效益，就必须事先培养出彼此的信任。

要成功建立信任关系，必须注意以下 4 项关键原则。

◎不白白浪费任何一个危机。

培养信任的关键时刻就是危机出现的时候。这正是你证明自身价值的机会，要以主动、果断的态度回应各种危机，并且亲力亲为。只要你能在最困难的时候挺身而出、渡过难关，便可令人心悦诚服并迅速建立信任关系。

◎让大家知道你会负起所有责任。

就算只是日常问题，而不是生死攸关的危机，也别把责任推到他人身上。负起责任、确保问题不会再出现，你就能提升关系中的信任感。少花时间指责他人，多花时间修正问题，别人就会觉得你值得信赖。

以成熟的方式解决问题，除了能提升同事对你的信任感，也能改善你与客户的关系。万事总有出问题的时候，就像产品也许会出故障、交货可能会延迟等等。这时，如果你能迅速开始行动并解决问题，就能赢得大家的信任。

◎投入时间建立信任关系。

稳定的信任关系需要长期的培养，绝非一蹴而就。建立信任关系最好的方式就是扩大和强化现有的基础。如果双方长期以来都有正面互动，就能增强彼此的互信。你的行为必须能够长期稳定不变，只要你有一次放弃了自己的标准，就可能让多年来的心血毁于一旦，所以务必小心。一旦失去信任，关系几乎不可能再复原。

下面以美国汽车业为例，探讨信任的重要性。2006 年，通用汽车公司和克莱斯勒公司因为管理失当、未能注意客户需求，被迫破产，他们要求政府担保贷款以渡过难关。福特汽车公司也不免卷入了这场产业动荡，但他们不希望接受联邦政府监督，因而决定不申请政府担保贷款。

2006 年，福特公司聘请艾伦·穆拉利担任首席执行官。有人批评，穆拉利甚至不是汽车界的人物——这确实没错，他之前曾在波音公司担任了 37 年航空工程师。然而，穆拉利却带来了全新的观点。综观全球市场，穆拉利认为，各地的汽车买主都想着同样的事情——省油、设计佳、品质高、安全。为此，穆拉利引进他的“一个福特”产品策略：福特只需生产一种型号的汽车，就能在全球销售。根据穆拉利的构想，“一个福特”不仅能够降低20％的生产成本，也能吸引新客户。

穆拉利拟定这项策略之后，便开始着手取得顾客、供应商和管理层的信任。“一个福特”策略推出的第一款车是“福克斯”，该车深受顾客喜爱，而且其中约有15％的零件在所有车型都通用。供应商也十分欢迎福特给自己带来更大的经济效益。为了让福特公司内部的经理人也投入这项计划，穆拉利将过去视为机密的流程公开，要求信息在所有执行层面共享，并和工会协商，使劳动力成本下降。福特公司这项自立自强的方案，让他们在第二季的税前营业利润达到29亿美元，要知道，他们上一年同期则亏损了4.24亿美元。

穆拉利的成功是因为他能够说服别人，让别人相信福特公司值得信任，并相信福特公司也愿意投入时间和精力，重新赢得众人的信任。

◎让员工有发挥直觉的空间——人人各有不同。

想让员工看到你对他们的信任，最好的方式就是让他们有发挥直觉的空间。在他们职责范围内的小事，你千万别管。要让新人有机会证明自己值得被信任，你只要在一旁观察他们的作为即可。尽量出席他们希望你出席的重要会议，以表示你的支持，但要让他们以自己的方式来做事。从管理的角度来看，最理想的情形就是人人都能依着自己的直觉做事，而且最后都能被证明是最好的做法，而你只要出来赞美他们做得很好就可以了。

人人都有所不同。给员工提供不错的薪水、合理的工作条件，就能得到一定的信任。如果再多做点努力，了解他们的个性差异，听取他们的需求，员工就会更为忠诚，也会对你更加信任。持之以恒，就能提升信任关系和生产力。建立、深化信任，对各个层级的业务都有利，这也是明智的经营方式。

关键思维

信任别人，别人就会信任你；相信他们的能力，他们就会表现出能力来。

——爱默生

四　学习沟通的技巧

领导要有效率，就必须能够清楚地传达指令。多加磨炼，增进口语及非口语方面的沟通技巧，就会让你成为更有能力的领导者。

“有效沟通”是一项关键的领导能力，但很多领导都忽略了这一点。该怎么做才能加强沟通能力呢？讲到沟通，其实并没有固定不变的黄金法则，因为每个人都会遇到不同的情境，需要不同的应对方法。

几乎所有的商业关系隐含的重点都是沟通。如果双方无法分享信息和想法，就不可能一起工作。以下 5 点是较好的沟通建议。

◎在任何沟通情境中，先要寻找双方的共同点。

沟通时，不要急着切入具体问题。在讨论关

键问题之前，先让对方谈谈他们关心的话题，比如嗜好、兴趣等，或是让他们充满热情的事物。开会之前，要先做功课，取得沟通可以用到的线索。有一些非业务的闲聊，能让双方的关系破冰。

◎主动倾听，切勿分心。

对方喋喋不休时，很容易让人觉得不耐烦，但如果因此分心，将可能造成重大失误。听话时不专心，不仅是对人的不尊重，更可能漏失部分重要信息。为了避免这种情况，必须采取主动式倾听，也就是重复对方所讲的重点。这有助于你保持警觉，也能确保你听到有用的信息。

◎创造一些单纯聆听的情境。

忙碌的工作日，你会埋首于各式各样的工作。但有时候，有必要把一切放下，去看看第一线员工在做什么，顾客又有什么意见；也要看看已经出现哪些问题、有什么新的机会，以及现场是什么情形。这一切，都必须要刻意空出时间来聆听才行。

小马里奥特先生有一种非常好的做法，就是他会直接拨电话给公司各部门的第一线员工。这能让员工知道，领导不会只和身边的亲信往来。想成为一位强有力的领导者，就要让人有机会与你面对面谈话，告诉你真正发生了什么事。

◎注意你所发出的信息线索。

在沟通的过程中，身体语言也非常重要。你穿的衣服、脸上的表情，甚至坐在椅子上的姿势，都会透露许多信息，而这些信息会有很大的文化差异。在某个文化中完全无害的信息，可能会在另一种文化中引起强烈的反感。

因此，你要注意自己发出的沟通信息线索，千万别忘了，你时时刻刻都发送着这些信息。你发出的非语言信息，也务必要与你真正想传达的信息内容一致。

◎与顾客对话。

即使你已经有了优良的产品和持续的营销，这也只是开始而已。想让顾客买你的东西，就必须和他们沟通。有许多公司竟然想方设法不让顾客和自己联络，真是令人匪夷所思，你千万别这么做。你一定要好好和顾客对话，确认他们对产品、服务感到满意，也要传达给顾客一些他们会有共鸣的信息，好让他们认同你的品牌。

关键思维

讲到沟通，最大的一个问题就是自以为已经在沟通了。

——萧伯纳

沟通的重点是听出没讲的事。

——彼得·德鲁克

从目前的世界局势来看，美国商界领袖、政治家和公民早就该走出美国，与其他国家的人建立起坚实的全新关系。这些新的关系，可以做到联合国和其他全球组织尚未做到的事：让人们对待彼此的基本态度和行为有所改善。

——埃德·富勒

五　承担最困难的工作

如果想得到员工的尊重，你就必须身先士卒。说得实际些，也就是你要担起最困难的工作，而不是推给同事。

作为领导，你就是公司及品牌的代表。不论是员工，还是顾客，都会对你察言观行，因此你别无选择，只能以身作则。

要成为一位好的领导，必须做好以下4件事。

◎不要逃避困难——承担困难的工作。

想提升作为领导的可信度，就得要亲自处理那些最棘手的任务。尤其是对待那些不得不做的难事，你不但得做，而且得亲自做。如果员工觉得你会刻意跳过真正的难题，他们也会学着这样做，而这对公司极为不利。但如果他们看到你挑起重担，和大家同甘共苦，就会觉得你值得尊重，也会愿意接受你的领导。

◎坚定果决——不要犹豫踌躇。

领导者的首要工作是为公司作决定。不论公司属于权力集中型，还是分散管理型，总有一些决定是领导者责无旁贷的。面临决策的时刻，一定要快刀斩乱麻，果断坚决，犹豫不决的态度会让员工觉得你缺少魄力。拖着不决定，事情只会变得更糟，不如审慎判断，然后尽快开始执行你的决策。员工会喜欢这种特质，也会因此而对你更加尊重。

◎随时准备和员工坦诚对话。

就算是坏消息，员工还是宁可直接从高层得到信息，而不是只听信在公司里流传的小道消息。对待团队里的成员，务必要诚实坦率。要表明你不会处罚提出坏消息的人，而且你也会保持沟通渠道畅通。要清楚地表明，你希望得到同样坦诚的反馈意见，下属提出批评意见也不会受到任何处罚。

◎不要只想着自己，要为团队全心付出。

领导者要小心别太自大，在表现果断之前，更要先做好功课，包括要求员工提供最新信息，告诉你实情。企业的成功必定是团队共同的成就，团队成员必须有所贡献，但要注意别把他们的想法或成就揽到自己身上。此外，如果某个决定出了问题，要坦诚地承认错误并及时修正，再继续前进。

关键思维

除了要在困难的情况下担起领导责任，领导者也必须以身作则，做到他们希望员工所能达到的标准。

——埃德·富勒

六　了解不同的文化

员工的态度和行为，一大部分会受到其文化背景的影响，所以务必要熟悉他们背后的文化。

我们有时会逃避文化差异的问题，但实际经营企业时，这个问题却无法回避。如果你能了解员工的背景，也了解那些来自不同国家的客户，就能据此调整销售策略，让业绩更好。你的认识和了解越深，就越能调整交易模式，越容易让客户接受，从而也更容易建立良好的业务关系。

以万豪为例，其在美国的酒店就会用到至少22种语言，而且语言并不是唯一的问题，其他鲜为人知的文化差异，还包括以下这些细节。

◎在许多国家，用餐具有重要的文化意义，人们借着共进午餐或晚餐，让双方增进彼此间的了解和尊重。因此，酒店的餐饮品质是决定声誉好坏的关键。在美国之外，许多酒店的餐饮收益甚至比住宿收益更高，高档酒店有 8 到 10 家餐厅可供选择也是常见的事。

◎亚洲的酒店一定要有大型的商务贵宾室，因为这是许多人进行业务往来的首选。同样，亚洲的酒店也必须有非常大的健身俱乐部，并配备专业高尔夫工作人员，以满足亚洲人对高尔夫的热爱。

◎女性在职场上的地位比较复杂，不一定都处于公平竞争的环境。万豪国际集团曾经想任命一位后起之秀担任某酒店的总经理，这位人选正好是位女性，结果却引起所有当地员工的极力反对。因为依据当地文化，如果总经理是女性，出席社交场合时就只能和那些老板的太太坐在一起，这对未来的商业合作很不利。最后，万豪还是决定请该女性担任另一个更能发挥所长的职位。

这里只是几个例子。显然，只要花些时间和

精力去了解历史文化因素，就能避免作出错误决策。

在面对和处理文化差异时，还有以下 4 项重要建议。

◎面对文化议题，务必用心研究，不能随便应对。

即便都是国内的员工，其文化背景也日益多元，所以要多去了解他们的文化背景，研究一下不同员工的文化背景，真正去欣赏这些差异。把冲突看作是学习的机会，花时间和员工面谈，了解他们看待事物的方法。

◎让资深管理人员接触不同的文化。

万豪会为资深管理团队举办所谓“铁鸟之旅”的体验活动：团队成员在 10 天之内要前往 10 个国家，有几晚还得在飞机上过夜。白天则是由各地区的经理给大家讲解当地的挑战、议题和需求。类似的活动，可以让员工接触到不同的文化。

◎对于文化差异的态度要实际。

了解市场现实之后，你还得进行相应的调整。面对数百年形成和流传下来的文化，不要以为只发几则行政命令就能扭转乾坤。举例来说，如果你的公司标识是绿色的，但在当地顾客的文化中认为绿色是不吉利的颜色，那你该做的是改变标识的颜色，而不是对顾客进行再教育。同样，如果某个文化有一个隐含的权力结构，且与你的组织结构不同，也别急着想打破该权力结构，而要先看看你是否能够接受，并从中找出较好的结合点。

◎要尽快适应当地文化。

设法将文化差异转为优势。举例来说，如果知道亚洲商界人士愿意在酒店举行商务会餐和家宴，设计酒店时就要有足够大的餐厅。要让你的商业模式适应当地文化，而不是改变当地文化来适应你的业务。

不论如何，遵守伦理和法律仍然是一定的准

则。除此之外，面对不同的文化及做事方式，必须放宽心胸，秉持实用主义的原则，以期顺利解决问题。

关键思维

对于领导者而言，“文化理解”真是太重要了，而且不论在国内或国外都一样重要。无论是员工，还是顾客，都会受到其背景文化影响，有不同的品位、愿望和行为标准。领导者必须调整人事政策、产品和服务，以顾及这些差异。只要领导者做到了这一点，就能发挥文化的优势。

——埃德·富勒

公司当然也有自己的文化，如果能让员工都知道并了解公司的历史背景和价值观，就能让原本很不同的一群人，成为团结一致的劳动者。

——埃德·富勒

七　建立并培养业务关系

当今世界的联系比以往更为紧密。理想远大的领导者往往得在建立关系上体现真本领。如果你能建立并维持紧密的业务关系，就能取得竞争优势。

想打造坚实的业务关系，你必须从办公桌后面走出来，亲自和人面对面沟通。这是有些麻烦，但长期坚持下来，你会发现回报绝对值得。要亲自见面才能培养出重要的关系，发信息和打电话也不错，但只能是无法见面时的权宜之计。

建立关系是一项可经由练习而掌握的技能。你越善于建立业务关系，也就越容易解决问题、拓展业务、提高利润。其基本道理在于，业务环境的改变、新科技的出现、顾客喜好的转向，相比之下都只是暂时的，坚实的人脉资源和业务关系可以超越这些挑战，让你继续前行。

那么，如何建立坚实的业务关系？

◎投入大量时间和精力，努力建立良好的关系。

要准备好不时地拜访各地的客户和同事，如果建立联系后就漠不关心，就算曾经开始也没有意义。如果客户或同事需要和你聊聊某个问题、听听你的建议，甚至只是想得到你的肯定，你就要亲自出现。要让他们知道，你一直都很关心他们遇到的挑战和所取得的成绩。

◎将“建立关系”排进日常行程，而且切实做到。

每隔一段时间就要拜访一下客户、同事。用不着做什么了不起的事，只要一起聊聊就好。而这除非你事先就排定行程，否则很难真正做到。务必将探访的时间排进行程，并且认真履行。

◎享受坚实活跃的业务关系所带来的好处。

坚实的业务关系，可以让你在面对顾客、供

应商及员工的时候更有竞争优势。在建立业务关系的过程中也有机会学习新的东西，这可能会对未来有所帮助。所以，要有耐心，慢慢建立并发展业务关系。

与不同的人见面时，你们可以讨论的话题主要包括：共同的目标——你和合作伙伴可以一起努力的方向；新的做事方法——让双方合作完成有意义的事情；了解合作伙伴最近投入精力的方向。

◎仔细观察，专心思考。

讲到建立关系，有时候自己很难说得清楚。每个人都想掩饰自己的不足，但稍不注意，原来的小缺点就可能大大损害双方的关系。不妨试着找到和自己互补的人来建立关系，这样一来，谈生意的时候可以更为平衡，最后的成果也更为有效。

现今有太多企业的业务关系都处于失衡状态。他们只用没有人情味的方式来做交易谈判，一切只谈钱，几乎不管人际互动或关系的建立。这是一个重大错误。真正能产生影响的是公司里的人，还有他们做生意的方式。所以，别只待在办公桌、电话或店内柜台旁边，赶快走出来吧！你一定会感到十分惊喜，自己竟然可以了解到这么多信息，并带来各种正面的影响，也必定会遇到各种机会。

关键思维

建立成功的业务关系与建立个人关系并无不同，都需要与另一方有真正的投入互动。

——埃德·富勒

乐高传奇

Brick By Brick

How LEGO Rewrote the Rules of Innovation
and Conquered the Global Toy Industry

原著作者简介

戴维·罗伯逊(David C. Robertson)，毕业于麻省理工学院及伊利诺伊州大学。2002 年至 2010 年担任瑞士洛桑国际管理发展学院创新与技术管理学教授。

比尔·布林(Bill Breen)，推动《快速企业》杂志上市的团队成员之一。在成为全职作家之前，他曾任《快速企业》资深编辑。

本文编译：叶心岚

主要内容

主题看板

你熟悉的乐高，你没听过的传奇

2003 年，在被《财富》杂志封为“世纪玩具”短短 3 年之后，乐高公司出现历史上最大的亏损，而且濒临破产边缘。但在 2007 年至 2011 年全球经济衰退之际，它的税前利润却增长了 4 倍。

乐高是许多人的童年玩伴，也是许多创意的“启蒙”和发源，仅是 6 种乐高积木就能拼出无数组合。它在 2000 年打败泰迪熊与芭比娃娃，被《财富》杂志封为“世纪玩具”。

新世纪的到来也意味着另一个变局的开始。面对数字浪潮的冲击，许多孩子迷上电子游戏，致使乐高玩具销量锐减。加上专利权到期，大批竞争者削价竞争，乐高不得不有所回应：请来当时赫赫有名的企业改造专家，遵循业界奉行的创新 7 原则，大搞破坏性创新、积极布局蓝海，结果却是更大的亏损，甚至沦为获利最差的品牌。

乐高就这样完了吗？许多观察家都持悲观的态度。连这些创新原则都救不了乐高，恐怕也没有其他灵丹妙药了。乐高公司的第三代经营者接下这个烫手山芋，他灵机一动——顿悟乐高系统不只是游戏系统，同时也是运营系统，就像乐高积木每个零件都能和其他零件结合一样，乐高应该创造一个一致性的、可扩充的玩具世界。最重要的是，这次他一定要把那 7 个创新原则做对。事实证明，他做到了，而且成果斐然。

曾任瑞士洛桑国际管理发展学院创新与技术管理学教授的戴维·罗伯逊，研究过麦当劳、百思买等多家公司的成功案例。他在接触乐高之前，从来没看过如此复杂的创新管理系统，也没见过如此戏剧性起死回生的企业历程。当许多创新聚焦在巨大的产业变革或是领导者身上时，乐高却回到自己相当传统的系统里，找到持续创新的方法。因此，乐高的做法特别值得借鉴。

一　创新 7 原则及乐高的衰败

电子游戏、MP3 播放器及各种高科技玩具在 20 世纪末进入全球玩具市场，也给乐高带来了新的挑战。尽管这家公司一直以来不断创新，但却突然发现自己处于落后的追赶模式。为了扭转局势，乐高根据企业界最广为人知的 7 个创新理论，推出新的成长策略。这些在其他公司可以化腐朽为神奇的点子，却几乎将乐高击沉。

1. 乐高的兴起

1934 年，科克·克里斯蒂安森在丹麦比隆市一家小型的木匠作坊里创建了乐高公司。公司名称取自丹麦语，意思是“好好地玩”。克里斯蒂安森为乐高设立的宗旨是“鼓舞和培养明日的建筑家”。他以“只有最好的才够好”为原则，决不容忍任何粗制滥造的产品流入市场。

乐高早年经营异常艰难：遭遇经济大萧条；德国在二次世界大战期间占领丹麦；1942 年一场大火烧毁了乐高厂房。在那个阶段，克里斯蒂安森几乎差点放弃，但他的性格以及对公司员工的责任感，让他坚持下来。1944 年，乐高建成了新的厂房，克里斯蒂安森也开始着手重振公司。

1946 年，乐高成为丹麦第一家购置塑料成型机器的玩具制造商，这台机器的成本超过公司前一年获利的两倍。乐高足足花了 10 年的时间进行实验，才制造出公司的品牌产品——乐高积木，其中大部分时间，研发人员都在努力寻找能让积木“咔嗒”一声，完美结合在一起的凸凹配对系统。这些积木能让孩子随心所欲拼制任何东西，使得乐高成为可无尽扩充的玩具。这个积木也成为玩具产业的传奇之一。

克里斯蒂安森在努力打造乐高世界时，完全忠于自己的核心创立原则，该原则包括以下

6 点。

◎价值至上——这也被作为乐高的指导方针，无论在任何时候任何情况下都坚持价值至上原则。

◎实验带来利益——实验总是能率先带你走向未来。乐高通常同时研发多个创新项目，然后坚持到获得回报为止。乐高花了 10 年时间打造完美积木，它的成功全然不是意外。

◎从大处着眼——乐高很早就知道，公司必须从生产独立式玩具，发展为以积木为核心元素，创造一个供孩子玩乐的完整系统。

◎非常专注——乐高为了专注于塑料积木，在 20 世纪 50 年代中期放弃生产占当时营收 9 成的木制玩具。一开始这是以整个公司作为赌注的提案，但最终却成为打造无限扩充塑料玩具的有利条件。

◎努力忠于真实生活——乐高通过忠于孩子的真实生活，创造出他们的幻想世界，把玩具做成他们熟悉世界的迷你版本。例如，当孩子们的父亲为农场买新的牵引机时，孩子也可以买到乐高牵引机，这种情况非常普遍。

◎非常重视零售商——他们也因此成为乐高系列产品的热情推销员。虽然公司的产品销售给世界各地的孩子，但乐高总是优先考虑到零售商的利益。

克里斯蒂安森的儿子哥特弗雷德 12 岁开始在乐高工作。随着年龄渐长以及父亲健康状况变差，哥特弗雷德逐渐承担了更多的工作。他在 1950 年被任命为公司副总经理，并慢慢习惯每年夏天开车走遍丹麦，和乐高零售商会晤。20 世纪 60 年代，乐高开始把产品销售到西欧各国，接着打入北美洲、亚洲、澳洲和南美洲，逐渐扩大它的市场。

到了 70 年代初期，乐高集团已经雇用 1000 名员工，产品出口额约占丹麦工业出口额的 1%。1979 年，哥特弗雷德将公司领导位子移交给他

31 岁的儿子克伊尔德。

2. 乐高危机与创新原则

正当乐高拓展业务进入新市场之际，录像机、电子游戏机、有线电视和电脑相继问世。更糟的是乐高也失去了一些活力，发展开始趋缓。不仅如此，乐高互相咬合的积木专利权也到期了，大批低成本竞争者在世界各地如雨后春笋般冒出来。乐高因营收增长缓慢而引发外界质疑。1998 年，乐高宣布亏损 4800 万美元。1999 年上半年被迫裁员上千人——乐高在突然之间陷入存亡之战。

乐高公司若要继续成长，必须打造可以依赖的、新的强力成长引擎，最需要的是可以带动成长的管理架构，而不是继续保留过去一直采取的方法。克伊尔德的回应是自己转任公司总裁，再聘请丹麦企业改造专家保罗·普罗曼担任财务总监及首席执行官。普罗曼立刻以企业界普遍流传的 7 项创新原则为基础，制订了让乐高重振雄风的计划。

◎打造创新文化。

新的乐高经营团队推出了一系列令人目眩、创意十足的产品，但大多都以失败收场。因为它同时推出的新构想太多，使得许多新产品无法上市。这也表明创新未必就能商品化。

◎强化顾客导向。

有很多孩子告诉乐高的研发人员，他们宁愿玩电子虚拟游戏，也不愿意玩乐高玩具，但乐高仍试着和那些孩子建立关系。他们计划开发横跨虚拟和现实两个世界的乐高玩具，同时遵照美国大型零售商委员会的建议，设计并制作有关正邪对决的故事场景。

这些方案几乎没有获得成功。虽然乐高确实和卢卡斯影业在这样的结合中拥有一项卖座产品——打造出一系列“星球大战”授权玩具，并造成轰动，在 2001 年为公司创造超过 1/6 的营收，但乐高其他新产品却都一败涂地。

◎探索所有的可能性。

乐高尝试同时推出多种新玩具系列抢占市场，而不是持续地依序一次推出一种新产品。为了进一步多元化经营，公司也开始开发主题乐园和乐高专卖店，却因缺乏让这些事业成功的诀窍而失败。在销售成绩因为市场状况疲软的时候，这些计划几乎耗尽了公司的资金。

◎保持开放，关注群众。

乐高曾经开发出一套乐高数字设计师软件，可以让消费者自行设计乐高组件。乐高工厂会根据这些设计方案生产实体玩具组合，再送到顾客手中。这项服务大受欢迎，只是一直赚不到钱。不仅如此，当顾客上传文件，或将组件设计方案转售给其他人时，便侵犯了相关公司的知识产权。因而乐高被迫在2012年关闭了数字设计师服务平台。

◎尝试破坏性创新。

为了对抗电子游戏，乐高推出代号为“达尔

文”的计划，将乐高积木数字化，试图打造比玩乐高积木的实际经验更美好的网上体验。公司原本期待“达尔文”将为乐高带来创造性变革，协助公司颠覆自身的商业模式。但不幸的是，公司企图在太短的时间内完成太多的工作，结果导致“达尔文”计划脱离正轨。由于资深管理团队没有人充分了解数字科技，因此在经过多年开发、支出数百万美元之后，乐高拔掉了“达尔文”的插头。

◎开发蓝海市场。

乐高预料随着专利权到期，乐高积木将成为一般商品，因此决定开发各种不同的市场。乐高推出电影制作组合，让孩子利用乐高积木制作逐格动画。这个组合在美国市场还算受欢迎，但在其他地方销售惨淡。乐高也投资教育中心和其他计划，但没有任何一项在市场上获得成功。

◎雇用多元化且具有创意的人才。

乐高曾为在全球各地的卫星办公室招募多元

化且具有创意的人才，但最后证明这些新聘人员难以管理，几乎不可能融入乐高的企业文化。位于米兰的设计师团队设计出完全忽略乐高积木的电子玩具，而且声称这会是新时代玩具的先锋。这款新产品在市场上惨败，乐高也为此付出了超过 6500 万美元的开发成本。由其他创意团队提出的多项计划也一样，不是在市场惨败，就是在公司内部胎死腹中。

总之，乐高执行创新 7 原则的成效太差，以至于到了 2003 年，公司已经濒临破产边缘。乐高散尽钱财，有人认为公司可能撑不过 2004 年。克伊尔德解聘了普罗曼，亲自出任临时首席执行官，同时指定纳斯托普接管乐高的日常工作。

新的管理团队面临的挑战令人却步：乐高集团 2003 年的营业额比 2002 年减少 30%；乐高已经丧失所有核心市场上的领导地位；公司债务已经攀升至 8 亿美元；预估乐高在 2004 年将有 1.6 亿美元负现金流量，而且公司的净亏损将暴增到

3 亿美元左右；内部研究发现 94％的乐高产品组合没有获利能力；乐高是业界获利最差的品牌。

关键思维

乐高遭遇这些挑战的围攻已经超过 1 年，纳斯托普仍找不到扭亏为盈的策略。但是，纳斯托普一开始就知道，除非公司快速学会如何精准实施创新 7 原则中的至少两项——打造创新文化、强化顾客导向，否则乐高不可能有机会扭亏为盈。在普罗曼的管理下，乐高曾经热烈追逐大多数对积木不感兴趣，但着迷于电子游戏和活动式玩具的孩子，其结果是一场灾难。为了生存，乐高必须重新聚焦在热爱利用组装积木创造乐趣的孩子身上。乐高第一次尝试实施创新原则时非常笨拙。这一次，乐高必须把事情做对，因为已经不会有下次机会了。

——戴维·罗伯逊

二 精通创新7原则再造乐高

面对破产危机，乐高集团的新管理团队把那些学院派的创新处方重新改造、整合成乐高实际可行的管理方法。与其跑到盒子外思考，不如在内部挖掘潜能。乐高在非常传统的组织内部找到了持续不断创新的方法。

乐高所提出的系统性方法，让持续创新不再是不寻常的事件，反而像是新的常态活动。

乐高从基层开始，由下而上打造一套创新管理系统，解决每个层面挣扎面对的两难抉择：我们如何为员工提供创新的空间，但又不会忽略让我们赚钱的项目？我们如何赋予员工自主权，但同时也能让他们对结果负起全部责任？我们如何能遵循企业正统，但又可以快速成长？

2007年到2011年，全球性经济衰退之际，乐高集团的税前获利却是原来的 4 倍，因为他们学会了如何在企业内部创新。当孩之宝和美泰儿等玩具公司费力地完成个位数获利增长之时，乐高的获利增长速度却超越了苹果公司之类的创新楷模。更令人佩服的是，乐高是在一个进入门槛很低、全球竞争对手很强、顾客善变、生产成本毫无优势、核心产品缺乏专利权保护的行业打造出了这项成就。乐高不是靠着打破企业传统实现目标的，而是在传统内打造出这些成就。

从乐高公司的发展历程可以看出，面对创新 7 原则时，重要的不只是找出正确驱动力，而且还必须让其按照正确的顺序运行。

原则 1：打造创新文化

虽然克伊尔德在名义上出任首席执行官，但每个人都知道，纳斯托普是首席执行官的接班人。当纳斯托普被问到关于乐高集团的策略时，他拒绝说出远大策略，反而直率地回答："此时此刻，我们的任务只有求生——缩减成本、出售不动产、恢复我们的竞争力。”

过去，乐高公司对于远大目标及培养各年龄段孩子的创造力总是非常热心。纳斯托普认为，现在乐高要传达的信息是忘掉愿景和开发儿童创造力的话题，更专注在运营和执行层面，把目前的事情做好。

纳斯托普的第一个举措就是走出办公室，和沃尔玛及玩具反斗城等零售商对话，迅速地和控制经销渠道的相关人士重建关系。他的想法是，先让零售商回到正轨，然后孩子们自然就会跟上。这个方法就是要传达给乐高业务人员直白的信息，即如果他们不能掌握零售商传达的市场动态，他们就会被解雇。

纳斯托普很快就将目标放在乐高的创新上。过去因为创新分散在太多的方向上，使得公司丧失了有效管理的能力。现在则应该找出能让公司赚钱的产品，然后将公司资源放在这些产品上。

乐高旗下的设计实验室已经有相当长一段时

间未被充分利用了，因此纳斯托普命令任何创新都必须经由设计实验室签署通过。这么做可以终止部门之间背道而驰的状况，也明确了新产品必须能为公司带来13.5%销售利润的要求。如果任何新产品的预期获利无法达到这样的水准，就不会进行开发。

纳斯托普在企业总部设置了作战室，追踪公司的供应链，监测产品品质，并且建立详尽的关键绩效指标。他也强调结果胜于一切。纳斯托普卖掉了豪华的乐高总部办公室，所有员工都搬进与包装厂在一起的工业厂房。

乐高设计原则的神奇之处是其积木的每个零件必须能和其他零件结合。这意味着孩子们继续玩下去的概率更高，而继续玩意味着几乎永无止境的销售。

其他公司必须不断仓促构思和生产当年的“必买商品”，下一年度他们很可能又得为了做些改变而重新翻修厂房。乐高系统的特点是，即使场景和主题可能改变，零件仍旧维持不变。因为大部分零件可以与各种不同组件彼此相容，乐高可以不用年复一年大幅变动生产线，并且还可以创造一个具有一致性、可无限扩展的玩具世界。

即便如此，乐高还是面临严峻的财务压力。纳斯托普不得不遣散了1200名员工，这几乎是当时公司人员的1/3。他还关闭了高成本厂房、出售了部分不动产，并撤除了不赚钱的产品线。纳斯托普的目标是在两年内缩减6亿美元成本。

他成功地传达了这样的信息：和往常一样的运作模式不可能达到缩减成本的目标，公司必须大刀阔斧地进行改革。尽管如此，这家拥有七十多年历史的公司是否能起死回生，仍然是未知数。

原则2：强化顾客导向

2005年夏季，对乐高来说，隧道尽头真的出现了一线曙光。公司虽然处于求生模式，但纳斯托普意识到，若要让乐高继续往前迈进，公司必须和核心顾客重新建立关系。乐高必须和它过去及现在的大批粉丝组成关系更深厚的联盟。

许多孩子从小开始接触积木，但到了青少年阶段就脱离乐高，而且再也没有回头。但是从20世纪90年代末期开始，为数众多的成年人（大多是男性）又再次被积木所吸引。以下两点对这些经济宽裕的乐高粉丝产生了极大的诱惑力：其一是乐高星球大战系列产品问世，引发成年人对经典电影的怀旧之情，乐高机器人组件唤醒了成年人内心的科技冲动；其二是互联网的发展，让全球各地的成人乐高迷冒出来，并建立了前所未有的联系。

虽然乐高总是假设它的粉丝是小孩，但纳斯托普也认同乐高有成人粉丝基础，他还出席了成人粉丝主办的“乐高积木嘉年华”活动，这是乐高领导层第一次和成人粉丝互动。纳斯托普注意到成人的花费是孩子的20倍。他知道，这些成人粉丝所代表的是乐高可以开拓的庞大营销市场。

为了以更积极的方式和顾客建立关系，乐高推出了以下3项方案。

◎在2005年推出由粉丝志愿者以“群众外包”方式完成的新玩具系列。这些玩具的认可度非常高。

◎推出“大使计划”，借此从乐高顾客中征集想法和反馈意见。

◎成立一个“孩子核心圈”，以孩子为中心测试新的玩具构想。

这些行动在当时都被视为相当激进的做法，因为乐高向来拒绝征求或接受外部意见。但纳斯托普不只开始和乐高迷积极互动，而且还用自己的方式亲自推动这种互动。乐高不只是想找出一个建立关系的“正确”方法，而且想在市场上尝试多种营销途径。这样乐高就可以逐渐淘汰没有用的营销方法。

到了2006年年底，纳斯托普和公司资深经理人认为，应该开始思考如何开创乐高集团的光明未来了。他们意识到短期危机已经结束，公司现在需要的是发展愿景和成长策略。

纳斯托普重温克里斯蒂安森最初的格言："只有最好的才够好"，并重新诠释这句格言，将它改为"即使最好也还不够好"。

纳斯托普认为，乐高现在应该做以下 3 件事：打造产品的防御核心；重新平衡公司的财务架构；通过创新改良乐高的核心业务。

除了开放产品开发外包以及和乐高顾客合作之外，乐高也在探究商业模式创新的所有可能性。比如，测试附加产品、开发新的经销渠道、重新调整公司内部工作方式并与外部合作伙伴结盟。一旦公司获利，就能再度充分发掘新的成长动力。

原则 3：探索所有的可能性

2004 年，乐高亏损 2.92 亿美元。到了 2005 年年底，公司已经交出了税前利润 1.17 亿美元、营收增长12%的成绩单。看起来乐高已经从濒死危机中存活下来，所以纳斯托普把注意力转移到乐高未来销售的关键动力——创新以及为市场带来更好的新产品的能力。

纳斯托普认为，推动成长的方法就是创造新市场，而不仅仅是升级或更新乐高现有的产品。“星球大战”“哈利·波特”系列乐高产品的成功，显示孩子们喜欢丰富的故事情节和引人注目的角色。同样显而易见的是，如果乐高开创新市场，各式各样的额外收入也会随之产生。有了这层认识，纳斯托普组建了一支开发团队，研发名为“生化战士”的新玩具系列。

20世纪90年代末期，乐高产品开发程序是一种官僚式的乱象，包括僵化的程序步骤、多重审核点、成堆的纸上作业和一关关签核。产品团队各据一方，大部分按照顺序进行开发：设计师制作模型，然后将模型交给工程师，工程师制造成品，再将成品交给营销人员。但“生化战士”

团队并未采取这种方法，而是更加关注管理层需要的关键信息，所以能够更清楚地确定团队是否正中目标。

6 个月的截止日期，迫使“生化战士”团队采用不同的工作方式，齐头并进的情况多于循序渐进，而且各部门高度合作。当“生化战士”冒险故事的下一章大纲初步完成时，不同部门的团队会立即并肩合作，交换创意、评论模型，而且总是同时盯紧截止日期，以期打造更完美的“生化战士”。

“生化战士”玩具系列在 2001 年上市。该玩具系列由登陆热带岛屿的 6 名机械战士组成，他们在岛上和受到超级恶势力控制的凶猛野兽战斗。“生化战士”的活动人偶还延伸到电影、书籍、授权服装以及数百个粉丝创设的网站。“生化战士”系列的成功，为乐高未来其他新产品的开发及上市提供了样板。

从“生化战士”产品中取得了成功的经验

后，纳斯托普建议乐高未来致力于以下 4 项重要的创新类型。

◎产品创新——为乐高玩具家族开发新玩具和平台。

◎沟通创新——寻找更好、更新的方法建立客户关系。

◎业务创新——接触新的商业模式（例如认购方案）以及新的经销渠道。

◎程序创新——开发更好的新方法，让公司完成每项必要的业务。

为了整合以上项目，乐高开发了专属的创新矩阵，所有的新项目都会被标注在创新矩阵上。

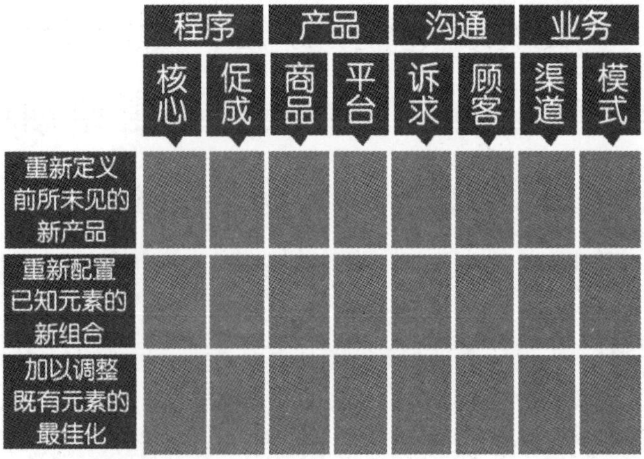

原则4：保持开放，关注群众

1998年，乐高推出首个机器人组合，包括1个微控制器为基础的积木、3个马达、3个感应器及约700块乐高积木、轮轴和其他零件。这组机器人的零售价格是199美元，这些配件可以让使用者组装出各式各样的机器人。当时发生了两件令人意外的事：购买机器人组合的顾客大多是成人，而不是小孩；这些玩家通过网上交流编写了套件程序的详细信息。

乐高的律师建议以侵害专利权的名义提起诉讼，但机器人团队认为，这些玩家的行为代表他们手中拥有一张王牌——开发新程序的能力。与其惩罚，不如鼓励他们加入新一代机器人以及附加组件的开发。最终，乐高放弃诉讼而采取了与玩家合作的方式。因此，乐高机器人获得了巨大的成功。

2004年，乐高计划推出新一代机器人组合。他们决定邀请外部创新者加入机器人开发团队，对于像乐高这样的私人企业来说，这是非比寻常的。这项举措产生了以下惊人的效益。

◎让终端使用者参与，能开发出更好的产品。因为他们可以用新的方式，充分展现外部专家的知识和热情。

◎参与其中的专家顾客会成为新产品的传播者，也会成为最佳品牌大使。

◎通过向共同开发者提供完备的工具，乐高实际上是在为一个交易活络的市场播种，让外部人士在此创造附加产品。

◎顾客参与是最好的公关活动，而且比广告便宜。

2006 年 1 月，乐高在拉斯维加斯消费性电子展会上推出了名为“Mindstorms NXT”的新一代机器人组合，它的开放源代码开发特性，为产品带来数百万美元的免费广告效益。该产品一上市立刻大受欢迎——第一年就创造了超过 3000 万美元的营业额。最后总共卖出 200 万组以上的产品。

有了“Mindstorms NXT”的成功经验，乐高又以其他崭新且令人惊讶的方式挖掘粉丝的智慧。芝加哥的建筑师亚当·瑞德·塔克，非常热衷使用乐高积木组装著名的摩天大楼模型。他组装的帝国大厦和约翰·汉考克中心模型，有2到3米高。乐高一位高级主管参观“乐高积木世界”活动时，塔克交给他一套徒手组装的积木组合，该组合可以组装成西尔斯大楼的迷你模型。

此后，乐高公司和塔克签约合作。根据合约，由乐高提供积木，而塔克必须组成1000套商品供乐高试售。这些积木组合大受欢迎，后来由此衍生出乐高的建筑系列产品。建筑系列的利润比标准积木组合高出许多，3年内，乐高的建筑系列为公司年度营收贡献了2亿多美元及附加红利。此系列产品也为公司开辟了新的销售渠道。

“Mindstorms NXT”机器人组合和建筑系

列的成功给乐高两个重要启示：对于构想的执行要保持弹性；把外部观点融入产品开发的价值。对乐高集团来说，这些都是弥足珍贵的经验。

原则 5：尝试破坏性创新

2005 年，乐高即将扭亏为盈之际，纳斯托普和公司智库决定进军网络世界。他们找到一家位于美国、名为“网络恶魔”的多人网上游戏开发商。乐高提议打造一个能让孩子们使用数字乐高积木玩耍的网上世界。乐高希望在其他人采取行动之前，抢先拓展自己固有的商业模式，创造新的成长平台。

不幸的是，这个原本命名为“乐高宇宙”的虚拟世界计划，在花掉 3000 万美元、耗费数以千计的人力后，仍旧以失败告终。乐高一路走来得到的教训难以计数，虽然很痛苦但非常有意义。

◎不要跳入你不熟悉的行业，除非你先投入规模较小的项目获得相应的知识。如果不能充分了解自己在做的事，绊倒你的将会是最细微的琐事。

◎不要期望新技术在一开始就能立刻带来近乎完美的经验。你必须先从某个点开始着手，然后努力让新技术发挥功效，而不是停滞不前等待它达到完美的境界。

◎破坏性创新必须和其他部门的需求隔离。否则新的提案将往不同方向拉扯，永远得不到你所需要的动能。

◎你必须专心制造顾客喜爱的产品，而不是投经理人所好。

◎当你确实将某项产品推入市场时，产品的定价必须是市场可以负担的水准，而不是弥补你的投资。

“乐高宇宙”的失败表明，对大企业来说，引进真正具有破坏力的提案有多么困难。对此类公司而言，要适应一个看似采用不同规则的数字世界尤其困难。虽然推动破坏性新技术和商业模式的尝试，一开始带给乐高的是痛苦而昂贵的教训，但后来乐高也因此变得更强大。

原则 6：开发蓝海市场

除了“乐高宇宙”之外，纳斯托普还指派乐高的概念实验室进行另一项挑战——创造并销售一种全新的玩乐经验，希望未来几年乐高能借此爆发式成长。概念实验室在经历多次失败后，终于推出了名为“乐高游戏”的桌上游戏组合。

在此之前，乐高设计师曾经多次提议设计以乐高为基础的桌上游戏，但没有任何一个建议最终成为实际可行的产品。概念实验室终于把一个具有城堡主题的乐高积木组合发展成桌上游戏。玩家滚动骰子（也是用乐高积木制成的），让骰子沿着游戏设定的路线前进，和朋友比赛看谁先完成挑战任务。这个游戏不仅是乐高游戏，同时还结合竞赛以及其他社交功能。

乐高第一个桌上游戏历经 3 年秘密开发，才做好了问世的准备工作。乐高知道这是其他大型玩具制造商不曾涉足的市场，所以决定一上市就推出 10 种不同的桌上游戏，而不只是单一款。这个决定使新产品迅速席卷整个市场，让竞争者措手不及。

这些桌上游戏在 2009 年 8 月上市时大受欢迎，销售业绩迅速攀升，并成为 2009 年圣诞购物季非买不可的玩具之一。公司成功推出了“显然是乐高，但却前所未见”的新产品。

从表面上看，“乐高游戏”和“乐高宇宙”有许多相似点，两者都是为了提供新的乐高玩乐体验。差异则是乐高希望通过“宇宙”打造数字游戏平台拓展公司的核心积木事业；至于“游戏”方面，乐高却创造了全世界第一个可以组装和重复组装的桌上游戏——仍然依附在乐高积木核心平台的游戏，而且找到了一个未被开发的蓝海市场。

乐高集团领导者认为，为了发掘下一个巨大的成长机会，公司必须严守和创新有关的基本原则——实验的次数越多，炼成黄金的可能性越大。今天，乐高的整个核心积木玩具组，几乎都在持续获利。明天，“核心”或许会变成乐高的其他商品。乐高很多产品的实验都是在寻找策略，最终目的是发掘未开发的市场。

虽然“乐高宇宙”上市15个月后即宣布停产，但“乐高游戏”却是爆红商品。在大部分市场，“乐高游戏”能取得13％到45％的市场占有率。在桌游和其他商品业绩的强劲带动下，乐高2009年的税前获利增长56％，2010年增长63％。

除了“游戏”之外，乐高也推出“Cuusoo”平台，让设计师发表新的乐高场景设计。如果新设计在网络投票中赢得1万票，乐高就会生产和销售这些新组件，而设计者也将获得该产品总销售净额的1％。

原则7：雇用多元化且具有创意的人才

乐高资深创意总监尔克·拉加纳斯认为，不

同学术背景的人彼此刺激和挑战，远比和思维模式相同的人一起工作要更有成效。

每隔两年左右，乐高会推出“大爆炸”活动——竭尽全力生产下一个一鸣惊人的成长型产品。有几次“大爆炸”以失败收场（例如“乐高宇宙”），有几次无比成功（例如“生化战士”）。2009 年年底，一个开发团队推出以忍者为主题的乐高积木组，搭配有幕府将军、武器和邪恶造型的敌军。开发团队将其命名为“旋风忍者”，并设定要为公司贡献总营业额 10％的目标。

除了乐高积木的 17 套组合外，“旋风忍者”也推出桌游系列、电视动画系列、电子游戏系列、小说系列和多媒体应用程序。“旋风忍者”在 2011 年 1 月上市后，乐高集团第一季度营业额猛增 20％。

乐高哪里变了？纳斯托普和他的团队经常巧妙地扭转战局，使得创新变得格外不同。他们生动地描述期望的结果，然后给予员工绝对的自由。他们以前所未见的方式摘下天边的星星，例如新一代机器人组合“Mindstorms NXT”和“乐高游戏”。他们也重新调整畅销商品系列，利用小规模创新为公司锦上添花，例如“乐高城市”和“星球大战”。他们知道在彻底改造品牌之前，必须先重建企业。更重要的是，他们认为虽然策略很重要，但竞争优势主要来源于具有创意的人才。毕竟策略可以复制，人才不能复制。

此外，乐高成功的其他关键因素，还有以下6点。

◎乐高集团向来注意其所招聘的员工类型，因为这些人将塑造开发团队的架构。

在创意人才和专注并遵守纪律的员工之间要达成适当平衡，两者都是让创新开花结果的必要人才。

◎乐高目前的组织架构让员工有明确的方向感。

产品与市场开发部门的主要任务是从乐高的

核心资产和能力获利。概念实验室开发乐高过去不曾想象的新产品。社交媒体、教育与指导部门的主要任务是寻找开发新商业模式、新销售渠道以及建立新客户关系的方法。这种结构能区分不同角色，让每个人都能集中精力。

◎为了设定创新方向，乐高创造了一些完美工具。

每个乐高产品线都有独一无二的“DNA”，概述玩具的目标客户、期望的玩乐体验及其他细节。针对每项新计划，乐高开发人员会先定义计划的“DNA”，让每项工作都能朝着一致的目标前进。

◎乐高提供激发灵感和探索研究的时间。

对于设计团队而言，增加时间让更多创意萌芽和成长十分重要。为了打造明天的成功，乐高给设计师留下了足够施展身手的时间和空间，而不是让组织里的每个人为了今天的成果竭尽全力。

◎乐高越来越擅长和孩子们合作创造新产品。

乐高在测试未来的新产品原型时，经常邀请孩子加入，分析他们的反应。乐高在每个开发阶段都有非常完整的试玩方法，而且提供非常明确的结果。

◎在乐高，主导新产品审查程序的是团队，而不是管理层。

为了取得新产品上市必要的资源，开发团队必须说服组织内的其他成员。对乐高来说，特别有效的做法是让拥有最佳想法的精英分子崭露头角，而不是由管理层挑选赢家。

关键思维

经商最难的挑战不是发明创新产品，而是打造一个能持续创造创新产品的组织。

——戴维·罗伯逊

世界上最具创新能力的公司，也是纪律最严

的公司。你必须妥善控制所有基本要素，只有这样你才能开始真正创新。

——乔恩·纳斯托普

创新 7 原则的观点并不冲突。虽然 7 项原则通常以创新管理的独立模型呈现，但乐高已经证明各项原则可以整合成一个规模更大的完整系统，只要有能够促使它们结合起来的力量，就能打造一个持续获利的创新系统。

——戴维·罗伯逊

吸金大王

——桑迪·韦尔与花旗集团

King of Capital

Sandy Weil and the Making of Citigroup

原著作者简介

埃米·斯通（Amey Stone），美国《商业周刊》《理财》及《理财规划》等财经专业杂志撰稿人。

麦克·布鲁斯特（Mike Brewster），曾担任《领袖》网络版主编，该杂志以高级主管的领导力为核心探讨领域。

本文编译：庄靖

主要内容

5分钟摘要

桑迪·韦尔大事记

1812 年　万国通宝银行（花旗集团前身）成立。

1933 年　桑迪·韦尔出生于纽约布鲁克林区；同年美国国会通过《葛塞法案》。

1947 年　韦尔进入皮克斯基尔军校。

1951 年　韦尔就读康奈尔大学。

1955 年　韦尔自康奈尔大学毕业；获得第一份工作，在贝尔史登斯公司担任办事员，月薪 150 美元。

1960 年　韦尔与卡特、柏林德、波托玛 3 位合伙人自创事业。

1970 年　韦尔合伙公司买下历史悠久的经纪公司——海顿斯通公司。

1971 年至 1980 年　韦尔公司买下了谢尔森

哈米尔公司、罗伯·罗德斯公司等多家公司。

1981 年　美国运通公司买下谢尔森罗伯公司。

1983 年　韦尔被任命为美国运通公司总裁。

1985 年　韦尔辞去美国运通总裁一职。

1986 年　韦尔买下个人金融服务公司——商业信贷公司。

1988 年　韦尔并购普美利卡公司，其中包括美邦公司。

1993 年　韦尔从美国运通公司买回谢尔森罗伯公司；也买下旅行家集团，并沿用旅行家集团名称。

1998 年　花旗集团宣布并购消息，瑞德与韦尔同时出任首席执行官。

1999 年　美国废止《葛塞法案》；花旗集团并购案合法。

2000 年　韦尔从瑞德手中获取公司大权，同时瑞德同意辞去首席执行官职务。

2001年　花旗集团持续扩张国际业务。

关键思维

韦尔有一个最大的特点就是极度缺乏安全感，他质疑所有人，也质疑自己。在这个行业中，这可谓是真正的大优点。

——杰夫·连恩

一　叱咤风云的桑迪·韦尔

1933 年 5 月 16 日，桑迪·韦尔出生于纽约市布鲁克林区，当时正是美国刚解除禁酒令及经济大萧条后银行重新开张的时代。

1. 成绩优异，令人难忘

韦尔的父母是波兰移民之后，一如当年许多犹太移民家族，韦尔家也非常团结。韦尔的父亲与岳父刘易斯·卡利卡合伙经营公司，风光了 10 年，后来因发战争财，违反联邦价格管制部的规定，公司于 1944 年倒闭。韦尔的父亲后来改做进口钢铁生意，但盈亏互现，成绩平平。

1947 年，韦尔就读位于纽约市北郊的皮克斯基尔军校，该校在 1968 年关闭。韦尔就读该校时，成绩优异，代数、几何、科学、拉丁文和法文等学科表现突出，在网球场上和乐队中的表现也都很出色。

韦尔的同学对这位优秀学生印象深刻。室友史塔特·芬德勒曾说过这样一段话，“我没想到韦尔会这样成功，但不论他买什么，我都跟进。韦尔买下普美利卡公司，我就赶快买普美利卡公司股票，我还有一大堆花旗股票。我父亲也会买这些股票，因为当年在校时，我父亲就见过韦尔，对他印象深刻。”

2. 阴错阳差入对行

1951 年，韦尔以第三名的成绩毕业于皮克斯基尔军校，同时获得哈佛大学、康奈尔大学的入学通知书。韦尔选择了康奈尔大学，主修工程学，后来因为物理学成绩不理想而改修政治。

1955 年夏季，韦尔未能如愿加入空军。因为大学期间成本会计考试缺考，所以他延迟了半年才毕业。为了打发长达 6 个月的等待期，韦尔决定找一份工作。

某天在纽约 41 街与第七大道附近，韦尔注意到一家老字号证券公司——巴许证券公司。韦尔从未见识过证券公司的情况，证券公司的邻街窗户都采用有色玻璃，以保护客户隐私，不让路人窥伺。他信步走了进去，结果看到的是一幅混乱景象，股票经纪人接电话、填单子，在房里冲来冲去，但那种活力却深深地吸引了韦尔。

见识过证券公司，韦尔决定申请学习股票经纪人训练课程，但因为在证券界没有熟人可以引荐其入行，再加上几乎等于零的财经知识，他被巴许、摩根、高盛和雷曼兄弟等证券公司拒绝了。后来韦尔自己也承认："当时我连储蓄银行的客户不能开支票都不知道!"

最后，贝尔史登斯公司以每月150美元的佣金雇用韦尔，他负责把买卖委托单从经纪人手中送到交易中心交易员手中。几年后，韦尔升任经纪人，1958年被博罕公司创办人托比·博罕雇用。

在博罕公司事务部门时，韦尔大部分时间都

在研究如何追踪及清除买卖委托单，也担任把最新股价写在告示板上供经纪商参考的“写板员”。

韦尔当时或许并不明白，和那些大型经纪公司的实习经纪人比起来，这些初级工作却让他对证券公司的工作方式有了更深入的认识。正是这些平淡而充实的事务经验让韦尔了解了幕后工作的重要性，有效率的后勤部门更是韦尔初期自组公司成功的关键。显然，韦尔虽身处底层，却撷取了博罕公司的部分核心思路——压低成本、免除不必要风险、注重细节。

3. 扎稳马步，开创一片天

1960 年，韦尔决定自组公司。韦尔与 3 名年轻经纪人亚瑟·卡特、罗杰·柏林德和彼得·波托玛合伙，在 1960 年 5 月 3 日登记了名为“卡特—柏林德—波托玛—韦尔”的新公司。4 个人筹得 21.5 万美元作为创业基金（韦尔向母亲借了 3 万美元），其中 16 万美元在纽约证交所买了一席之地，余款则用于聘请一名秘书、租一间办公室。每位合作伙伴都同意每年底薪为1.2万美元。当时韦尔27岁、卡特28岁、柏林德29岁，波托玛则是公司最老的成员，32岁。

多数华尔街传统经纪公司都认为，散户经纪公司（服务散户投资人）的业务获利远不及为法人机构服务的经纪公司。韦尔反倒认为，如果事务部门能够有效运作，那么众多小散户集合起来也会有蚂蚁雄兵的强大力量。这种做法还有多个好处——风险较低、收益较大、交易稳定。

创业的第一年，公司营业额就达22.5万美元。自此，卡特、柏林德和韦尔精明强干的名声不胫而走。因违反证券法，波托玛被迫退出公司，但也有新的合伙人加入。新合伙人中最有名的就是亚瑟·李维特（后来被任命为美国证券交易管理委员会主席），另一名则是毕业于哈佛商学院的马歇尔·柯根。

公司也随着多头市场的发展不断成长，到1966年，服务散户赚得140万美元手续费，来自法人机构的营收也达到 9 万美元。公司业务欣欣向荣，他们也开始规划把撰写研究报告纳入业务范围。1967 年 8 月，公司资深副总裁埃德华·奈特所写的研究报告精准地预测了未来即将出现全方位的大型金融服务公司，这也是韦尔后来全心发展的目标。

4. 带领产业转型的报告

1967 年 8 月，卡特—柏林德—韦尔公司研究报告认为，只管产物险、专卖寿险、提供顶级理财服务、专做共同基金投资的各类型公司，各自竞相争取消费者荷包的时代过去了；未来成功的公司将整合所有的营销，为消费者提供最广泛的金融服务；控股公司将成为金融服务机构的主要形态。

为了推广投资银行业务，卡特—柏林德—韦尔公司特别把这份研究报告印了 2000 份，广为散发，其实他们最主要的目的是吸引投资人买下信赖保险公司（一家小型保险公司）。后来长岛一家电脑租赁公司的两名合伙人对这样的创意很感兴趣，决定与卡特—柏林德—韦尔公司合伙人见面洽谈。不过那两个人过于心急，初次见面就要求担任公司董事，对未来所有股票交易都想分得利润，甚至还索要 75 万美元的服务费。不用想都知道，这样的要求当然会被拒绝。但是这次事件证明，研究报告可以成为证券商自我推销的材料，这样的做法也延续至今。

虽然双方初次洽谈并不顺利，但信赖保险公司的交易最终依然成交，萨尔·史坦博格旗下的“利斯可信息处理公司”买下了信赖保险公司，卡特—柏林德—韦尔公司获得 75 万美元的佣金。尽管交易成功，韦尔却不喜欢投资银行涉入的风险，他个人比较偏爱为富有的投资人管理资产所得的稳定收益。

5. 理念不同，分道扬镳

卡特—柏林德—韦尔公司在 1967 年买下了伯恩斯坦—麦考利公司，这是一家个人理财公司，拥有价值1.75亿美元的投资组合。韦尔喜欢通过替客户管理个人投资而获利，即使当时的大环境并不理想，他仍希望公司未来朝此方向发展。但卡特希望公司朝投资金融的方向发展，双方起了摩擦。

1968年9月，卡特以个人愿景为主轴，改变公司方向并提议自任首席执行官，大幅削减了韦尔和柯根的合伙比例。结果，其他合伙人要求卡特辞职。李维特对《华尔街日报》的说法是，“这并非改组，大家好聚好散”。卡特也告诉媒体自己是平和离开的，并表示：“我之所以辞职，是因为有别的工作要做——经营公开招股的公司。”随后，他立即创办卡特集团，这正是一家公开招股公司。

自此，卡特—柏林德—韦尔公司改名为柯根—柏林德—韦尔—李维特公司。亚瑟·李维特担任总裁，韦尔出任董事长，柏林德担任首席执行官，柯根则为副董事长。4个人搬进新的办公室，不过为了表明4名合伙人都是名副其实的工作伙伴，所以大家都没有个人办公室，而是共享一间宽敞开放的大办公室。4位合伙人甚至还轮流领导公司，不过各司其职，柏林德和李维特负责公司运营，韦尔在幕后规划公司策略，柯根则负责交易谈判。公司名称缩写为“CBWL”，在财经界被戏称为“生菜咸牛肉”。

6. 小处着手，高瞻远瞩

CBWL把事业重心放在募集资金上，并通过可转让公司债券广集各方资金，因为没有其他公司可以承接CBWL的业务，因此公司得建立自己的后勤部门处理订单。在20世纪60年代末期多头市场结束时，这反倒成了一项利好，因为CBWL不但有足够的资金得以生存，还能免除其他证券经纪公司面临的混乱情况。由于业务量迅速增长，CBWL聘请法兰克·萨波负责管理事务部门（萨波后来出任福特总统时代的能源事务主管官员，此后又担任纳斯达克证交所主席）。韦尔与萨波并肩合作管理后勤部门，因为他坚信公司的未来在于提供一流的经纪服务，而这再次证明了韦尔的高瞻远瞩。

1969 年年末，CBWL 买下比弗利山麦唐纳公司的办事处，有了纽约之外的第一家分公司，并宣布在波士顿、休斯敦、亚特兰大、芝加哥和底特律成立办事处。此时，CBWL 手中已经有约 5 亿美元的投资基金。

二　并购与扩张阶段

到1970年年初，CBWL已经有400名员工，公司的最大资产就是高效率而现代化的事务系统，能够处理大量的小额交易，远胜过其他任何一家经纪公司。就是这一点，让CBWL与其他随多头市场一起发展的经纪公司截然不同，何况多头市场已经在1969年结束了。据估计，仅是1970年，金融服务业就有1.65万名员工遭裁员，纽约证交所榜上有名的公司至少有100家遭清算或被并购。

1. 证券界奇葩，安度熊市

受环境影响，CBWL的获利从1969年的270万美元缩减到1970年的50万美元，幸而有强大的资金支持才得以生存。CBWL当时收购一家面临困境的老牌经纪公司——海顿斯通公司，时机可谓再恰当不过。该公司拥有 78 年历史，在美国有 18 家分公司、16 家海外办事处，还有数百名经纪人、成千上万的客户，而 CBWL 只有两家分公司、5000 名散户客户。

不过 CBWL 收购海顿斯通一案较为复杂，因为海顿斯通为了挽救公司刚发行了普通股增资股票，为公司注资 1240 万美元。当 CBWL 与海顿斯通公司洽谈并购事宜时，这些新股东认为这项交易不合算，因此不同意，原因是大家都担心，像海顿斯通这样的大公司一旦倒闭，将发生骨牌效应，对华尔街其他公司产生负面影响。直到纽约证交所主管出面协调担保，事情才有进展。经过一番艰苦、密集的谈判，CBWL 终于并购了海顿斯通公司，将其 500 名证券经纪人收入旗下。新公司名为“CBWL—海顿斯通”，净值约 2000 万美元。

尽管并购后公司规模比之前大得多，但公司作风并无太大的变化。

韦尔等4位合伙人依然坐在开放式办公室，并密切关注着新合伙人，即使公司已将前海顿斯通公司合伙人纳入执委会，CBWL的4名伙伴依然掌握权力核心。执委会开会研究、讨论各项议题，但并不作任何结论，最后这4名合伙人会一起到某人家聚会，再作决策。

2. 以并购扩大事业版图

这次并购后期进行得十分顺利，主要原因在于CBWL高效率的后勤部门早在完成收购程序前就已进驻海顿斯通公司。唯一的问题是CBWL—海顿斯通公司需要更多普通股资金作为成长燃料，不过这次公司决定不采用当时的常用做法——私下找金主，而是改为公开出售股票的方式筹措资金。1971年6月28日，CBWL—海顿斯通公司向证券交易委员会申请公开出售100万股股票。

这些股票在1971年10月4日上市，首日每股交易价为12.5美元，韦尔及CBWL其他3位股东柯根、柏林德和李维特各有 28.4 万股，他们顿时成为纸上富翁。更重要的是，公司也有了成长扩张的资金。

关键思维

股票公开上市使韦尔有能力做他想做的事。从此以后，韦尔拥有当时华尔街非常稀少的东西，也就是充足的资金、掌控的权力与执行的能力。这样的动能带动韦尔不断向前冲。

——唐纳·史托本

三　风雨飘摇，毁誉参半

1972 年，韦尔的公司已发展到令人羡慕的境地，有分公司、经纪人、管理层和可以处理大量交易的高效率后勤系统。万事俱备，唯一的问题就是没人买股票。1972 年会计年度，CBWL—海顿斯通只赚进 170 万美元，较前一年减少了 300 万美元。公司名简化为“海顿斯通”后，他们为求生存竭尽所能，包括承销小公司公开招股作业及债务。到后来，这些交易都成了韦尔挥之不去的梦魇。

1. 合伙人再度龃龉

这时韦尔再次与 CBWL 共同创办人意见不合。柯根主张公司应该承接大型投资银行的交易，而韦尔则强调以散户作业为主。韦尔甚至把海顿斯通的分公司更名为“投资理财中心”，客户可以随时走进中心咨询、下单，请求协助办理税务事宜或是购买研究报告。这在当时是创举，华尔街还没有其他公司提供这样的服务，其他公司都以服务投资银行客户为主要业务。

公司发展方向日趋明确后，柯根在1973年离开海顿斯通公司，萨波则赴管理暨预算局担任副局长。韦尔开始担任海顿斯通公司首席执行官和董事会主席，李维特出任总裁，柏林德任副董事长。（注：管理暨预算局是为美国总统与国家安全有关的内政、外交与国防总体政策提供建议的机构。）

除了管理层的改组，韦尔也正在与华尔街另一家公司洽谈并购事宜。该并购在1973年完成，海顿斯通公司的规模也扩大了一倍，公司净值已达4100万美元了。

2. 交易大王，再度出手

1974年、1975年，美国股市受到各种丑闻冲击。尼克松总统下台，企业界丧失信心，纽约证交所也将交易员固定佣金改为比例方式，这种措施可能会使专做财团法人生意的经纪公司倒闭。由于韦尔的保守作风，海顿斯通安然渡过难关，公司资金充裕，成为散户投资公司中的佼佼者。海顿斯通既有规模上的优势，又在零售市场占有一席之地，这是两大主要竞争优势。

在此期间，大多数投资公司的处境日益艰难，韦尔却买下了许多公司。1974 年，海顿斯通（在美国国内共有 49 家分公司）买下了谢尔森哈米尔公司（在美国国内有 65 家分公司），一跃成为华尔街第十大经纪公司。也就是说，当时海顿斯通公司的竞争对手都是重量级的经纪公司，比如美林、贝区、赫顿等证券公司。

当然，不可能诸事都一帆风顺。由于前几年出售的不良债券，海顿斯通公司被迫支付 170 万美元给不满的投资人。这家更名为“谢尔森海顿斯通”的公司，在 1974 年会计年度赔了 120 万美元，直到 1975 年 6 月 30 日会计年度结束，才赚了 440 万美元（每股 1.42 美元）。新公司虽然曾尝试朝保险方面发展，但并未成功。除此之外，公司一切顺利并持续成长。

3. 强势作风

韦尔强硬的态度和与大部分经纪人称兄道弟的作风并非所有人都能接受。韦尔常把情绪和攻击性带进公司，就连他最喜欢的年轻爱将也无一幸免。许多人尤其不满的是，韦尔喜欢将雪茄烟雾喷在别人脸上，愤怒时会对同事大吼大叫。

有没有看过小朋友将一盘意大利面扔在墙上？最后，有些面条会黏在墙上，有些人会掉到地上。这就是韦尔作风。韦尔聘用一群人，其中不乏业界名人，结果有些人黏在墙上，有些人则掉到地上。你可以说韦尔不该大吼大叫，也可以说他请来的人有些是无用的。但重要的是，不论韦尔做什么，他都会成功。

然而，韦尔却这样说："我一直想塑造一种家庭环境，我的理念之一就是回应员工，不只限于公司的工作，还包括员工所遇到的任何问题。在我的职业生涯中，最让我得意的是，谢尔森公司宛如大家庭，人人都是老板。”

1978年，美国股市复苏，谢尔森海顿斯通公司业务蒸蒸日上。该会计年度，公司利润高达645万美元（每股1.44美元）。韦尔继续并购华尔街经营困难的公司，其中包括罗伯·罗德斯公司、福克纳公司、道金斯—苏利文公司。大部分并购案进行得很顺利，当然也有判断失准的时候。1978年年底，韦尔已经将公司打造成华尔街第二大经纪公司，并更名为“谢尔森罗伯公司”，在美国国内有280个办事处，在国外有25家分公司，共有1.08万名员工（包括3500位经纪人）。买下罗伯公司后，谢尔森的股价由1979年的每股10美元上涨至1980年的每股37美元。1980年，公司资本达2.5亿美元，营收达5600万美元。

四　美国运通梦

在韦尔看来，金融服务的终极目标就是要跨界销售各类金融服务商品。许多人都认为从事投资和抵押业务的销售技巧各不相同，也不可能仅由一个人或一个组织包办全部业务。但韦尔却很期待这种做法产生的综合效益。

1. 巧遇知己

美国运通公司首席执行官詹姆斯·鲁滨逊三世有着与韦尔一样的愿景。1980 年，鲁滨逊与韦尔接触，提议由美国运通公司买下谢尔森罗伯公司，原因不只是谢尔森罗伯公司的获利能力，还可以使谢尔森罗伯公司旗下 3500 名投资经纪人为其效力。再加上金融业即将开放，可创造横跨银行、投资和信用卡等领域的金融产品，所以美国运通合并案的提议就显得相当吸引人。况且美国运通还提出让韦尔加入董事会，甚至接任主管职务的条件，而且韦尔手上握有 40 万股谢尔森罗伯公司股票，个人收益可达 3000 万美元以上。

1981 年 4 月 20 日，美国运通宣布出资 9 亿美元买下谢尔森罗伯公司，韦尔把手上的谢尔森罗伯公司股票转为 60 万股美国运通股票，一跃成为美国运通的最大股东。扩张后的美国运通公司可以发行信用卡、销售证券和保险，公司业务一飞冲天。1981 年公司获利从上一年的 8600 万美元增至 1.07 亿美元。

2. 壮志未酬

虽然在 1983 年 1 月被任命为美国运通公司总裁，但韦尔发现在大企业官僚制度下工作十分困难。韦尔是“交易大师”，可在美国运通时期的许多谈判最后都无疾而终。过去，韦尔向来都行动迅速，自己就可以拍板定案，现在每项并购案都要经过美国运通公司的层层审批，这让韦尔备受打击。另外，公司还指派他做一些无趣的工作，包括重振美国运通旗下摇摇欲坠的子公司——费尔曼基金。

当韦尔发现成为美国运通首席执行官遥遥无期后，他就决定退出公司。卖掉手中美国运通股票，赚得丰厚的活动资金后，韦尔打算与巴菲特的公司联手买下费尔曼基金。当这项提议被美国运通董事会拒绝后，韦尔便宣布辞职。

虽然在美国运通未能大展身手，但韦尔一再告诉商业媒体，如果有机会，他还是会让谢尔森罗伯公司和美国运通再次合并。韦尔在美国运通的那些日子，就算没有很大的成就，也有长足的进步。这段日子让韦尔积累了很多经验，比如要和董事会维持好关系、掌握实权及绝不接受当老二等。这些经验一直到 17 年后旅行家集团买下花旗集团时，韦尔才得以运用。

五　沉潜时期

1985 年 8 月 1 日，韦尔离开美国运通，在纽约租了一间办公室，开始仔细思考自己接下来要做什么。

1. 因祸得福

韦尔用这个难得的空闲时间，担任了卡耐基音乐厅整修基金会的募款主席，共募集了 5000 万美元的基金，韦尔和太太也给整修基金会捐了 250 万美元。

在为卡耐基整修基金会募款时，他听说美国银行正逢困境，需要扭转乾坤。于是韦尔向律师、投资银行家及董事会寻求支持，并获得谢尔森罗伯公司投资 10 亿美元资金的承诺，但前提是该银行要任命韦尔为首席执行官。除此之外，韦尔还取得了其他投资银行家及金融界人士的大力支持。

韦尔向美国银行正式提出担任首席执行官或共同首席执行官的请求，但被董事会断然拒绝，韦尔并不气馁，再度以书面形式向银行董事会提出请求。消息曝光后，美国银行股价大涨，尽管股东如此捧场，美国银行董事会依然拒绝了韦尔的提案。

2. 小试牛刀，一鸣惊人

韦尔拒绝恶意并购美国银行，宁可静待时机成熟。不久后，韦尔接到商业信贷公司主管的电话，希望能在韦尔的带领下有番新作为。韦尔和该公司首席执行官会面，他希望韦尔能一手主导商业信贷公司股票的公开上市。韦尔在 1986 年 9 月同意加盟，该公司立即宣布韦尔的任命消息，同时也宣布商业信贷八成的股票将于 10 月上市。

韦尔和他亲自挑选的主管立即空降商业信贷公司，迅速采取行动。新管理团队马上裁员 2000 人，并出售约 20 亿美元的公司资产。这意味着商业信贷公司在消费金融、房地产、租赁及保险等业务上，只雇用了不到 4400 名员工。韦尔还不遗余力地亲自推销这家公司，并投资 500 万美元买入该公司股票。

商业信贷首次公开发行股票轰动一时，投资人共投入了 8.57 亿美元。这是那时首次公开发行股票所募得资金的第三大金额。这次成功再次证明了韦尔的能力。

正如作家小霍华德·克拉克所言，“大家都认同的一个投资理论是，不是买产业、买公司，而是买首席执行官。你该买韦尔奇、郭士纳、巴菲特和韦尔，这样才能赚钱。”

股票上市后，韦尔继续为商业信贷公司聘请一些新经理人担任公司重要职位。商业信贷营收由 1985 年的 1080 万美元增长到 1986 年的 3770 万美元，1987 年增长至 1.15 亿美元。此后，韦尔在金融界的名声更为响亮。

关键思维

一旦在行业中有了动能，这股力量就会不断壮大，除非你犯了什么大错，才会破坏这股力量。我不认为韦尔是完美的，但他却拥有这股动能，也有钱，这些就能让他完成交易，让人追随他，支持他。

——唐纳·史托本

六　重返华尔街

商业信贷公司股票上市一年半之后，有投资银行业者与韦尔接触，询问商业信贷公司有无兴趣买下普美利卡公司。该公司旗下包括美邦公司（投资银行）、美国资本管理公司（共同基金）、和马卡瑞坦公司（借贷公司）等多家公司。双方断断续续谈了数月，终于在 1988 年 8 月正式宣布，商业信贷公司以 17 亿美元买下普美利卡公司。

1. 并购手法一如往常

如今韦尔借着美邦公司再度重返华尔街，并以普美利卡公司董事长兼首席执行官的身份，再度回到大企业集团。就像 20 世纪 70 年代并购处境艰难的股票经纪公司一样，这次韦尔也在普美利卡公司面临困境时买下该公司。此外，韦尔买下的公司规模都是其原经营公司的数倍。商业信贷公司有员工 3700 名，资产 44 亿美元；普美利卡公司则有员工 2.5 万名，资产 138 亿美元。韦尔也一如往常，沿用规模较大公司的名称。而这一切与 20 世纪 70 年代的交易模式如出一辙，和这些资产的实际价值比起来，韦尔的出价很低。

2. 迅速整顿，毫不留情

进入普美利卡公司后，韦尔快速采取行动，缩减成本、整顿管理团队、铲除不重要的非核心业务。韦尔一方面严格控制财务，另一方面也让部门主管独立自主。不到 6 个月，普美利卡公司扭亏为盈。

虽然韦尔并购普美利卡公司时，已经有许多管理大型企业的经验，但还是依照自己特立独行的方式经营。他经常在容纳近 200 名员工的办公室漫步，随兴问任何人问题。他仍然不看重报告，尤其重要的是，他尽量避免开会。韦尔让普美利卡公司的管理团队在紧邻的办公室工作，只要大喊一声，就可以找到想找的人。

韦尔也鼓励员工用薪水购买公司股票，这在当时是相当新颖的想法。

韦尔认为，股权能让员工以老板的角度思考问题，把公司当成自己的公司。

3. 并购、并购、再并购

1993年，通过商业信贷公司，韦尔有机会以16亿美元从美国运通手中买下谢尔森罗伯公司，接着又将谢尔森罗伯公司和美邦公司合并。另外，韦尔也以42亿美元买下旅行家集团，他能这么做，部分原因是普美利卡公司股价已经由韦尔初任首席执行官的20美元涨到了100美元。此后，韦尔又以旅行家公司的名义，买下国际金融界赫赫有名的所罗门兄弟公司。截至1997年年底，韦尔已经打造出美国最杰出的金融服务集团。

韦尔并购各家公司的手法，从普美利卡公司到所罗门兄弟公司，都和他70年代买下谢尔森时如出一辙，其实各笔交易的本质和海顿斯通成交模式相去不远。韦尔一再地并购，买下规模更大的公司，偶尔出手拯救处境艰难的企业，他总是抓住了这类公司开始走下坡路的机会。另一方面，韦尔两个时代的并购案也有一个明显的不同。他在70年代并购的都是股票经纪公司，因此交易完成之后，他的任务就是缩减成本、整合事务部门，确保杰出的交易员留在公司。相比之下，他后来的并购案，包括了形形色色的金融服务公司，每一项交易都填补了韦尔金融王国的版图。韦尔后来的交易并不是光靠几名伙伴拨拨算盘就可以解决的，而是更微妙精致的做法——需要游说和公关宣传，让政府部门和股东都同意这样的交易。在完成所罗门公司并购案之后，韦尔说，他觉得自己好像得到了建立金融服务王国的最后一片拼图。

七　最大的金融服务集团诞生

尽管韦尔的金融服务王国看似已大功告成，但韦尔发现必须合并一家银行，才能让集团有个零售渠道，可以把金融产品卖给消费者。韦尔和经营团队认定花旗银行是最佳选择，问题是，1997 年花旗银行是世界上最赚钱的银行。

1. 寻找拼图中缺少的那一块

1998 年 2 月，韦尔与花旗银行首席执行官瑞德联系，提议花旗银行和旅行家集团合并，瑞德对此提案相当有兴趣。更让人惊讶的是，两位首席执行官只在几次会面后，就有了合并事宜的草案。

韦尔与瑞德的确是在打造一项新事物——市场企盼已久但从未真正实现的金融服务超市。这家新公司将在消费金融、投资金融、共同基金、信用卡和保险等领域大展身手。这次交易也可打造出一家能与世界其他顶尖银行合法竞争的公司，因为在亚洲和欧洲，各大银行并未受限，可以同时为顾客提供金融和保险产品。多年来，这些银行让美国的银行在这方面居于竞争劣势，而瑞德和韦尔都希望一举跃上国际舞台，双方合并正好可以让他们立即实现目标。瑞德和韦尔还看出了业务多元化的好处，可以让两家公司再也不用依赖那些不可靠的资金来源，另外还有跨界销售的优点。韦尔特别热衷由销售大军向消费者推销各式各样的金融服务，他希望不论是银行账户、抵押、浮动年金、共同基金、股票和保险等各类金融产品，全都由旅行家集团和花旗银行的销售人员销售。韦尔认为，只要旅行家和花旗合并，就能拥有最合适的人才和产品，让跨界销售一举成功。

2. 万事俱备，只欠东风

当时还有一个必须先克服的法规障碍，才能

真正进行这项并购案。就在韦尔出生的1933年，美国政府通过的《葛塞法案》（《金融机构管制法》）规定商业银行、证券公司、投资银行与保险公司不得跨足彼此业务。瑞德和韦尔看准这项法规解除时机已经成熟。

1998年4月6日，瑞德和韦尔宣布两家企业合并，新公司名为花旗集团，商标则取自旅行家集团的伞形标识。瑞德和韦尔双双出任集团的共同首席执行官，集团资产将达7000亿美元，年营收可达500亿美元。

社会大众对这项合并案的反应很积极，旅行家股价随即上涨10%。这个价格使合并案交易值增加了140亿美元，韦尔个人财富也增加了1.23亿美元。

只有一个机构能阻止这项交易，那就是美国国会。就技术层面来看，花旗虽然是银行控股公司，但真正存活下来的是旅行家集团。这项交易并不是自负的韦尔或旅行家集团的力量所能左右的，而是法律决定的。花旗唯有以保险公司身份才可能申请成为银行控股公司。只要联邦政府通过这项申请，瑞德和韦尔就可以有2至5年的时间，让花旗银行以银行控股公司的身份运作。如果在这段时间，国会未能废止《葛塞法案》和《银行控股法》，那么花旗银行就得依照法律规定解散。

最后，联邦准备理事会同意这项合并案，也就是说合并作业可以展开了。不过到1998年10月同意书下达时，金融市场已经转弱，因此合并价值大幅缩水，此时合并金额为374亿美元。旅行家股东以1∶1的方式配得花旗集团股票，花旗原股东则以1∶2.5的方式换股。

八 花旗金融帝国的未来

瑞德与韦尔都热情满满地接下挑战，让新公司顺利走上正轨。合并初期，虽然某些核心员工离开公司，但双首席执行官制却运行良好。花旗集团的股价稳定上涨，但这是因为缩减成本，而非跨售的功劳。

1. 朋友变冤家

长久以来，只凭公司股价衡量首席执行官表现的情况日益加剧，以致设法提升公司股价成为首席执行官的主要职责。但过去 30 年来，随着投资人数的增加，越来越多的人了解到企业界唯一的要素就是股东。这方面，韦尔可以说是美国企业界真正的明星，很少有首席执行官能在提升股东持股价值方面与之匹敌。为了股东利益，韦尔乐于采取不受欢迎甚至是令人厌恶的行动，例如一波又一波的裁员、提高银行手续费、重写获利计划等。对韦尔的所有批评，都敌不过投资人以购买花旗股票表达出的支持。

渐渐地，瑞德和韦尔发现双首席执行官制有缺陷。瑞德开始公开质疑韦尔，到了1999年春天，两人公开宣战，媒体开始报道花旗在管理上的冲突。

《华尔街日报》曾有如下报道，“据旁观者说，当瑞德开始问：‘你可以量化这些关系吗?’韦尔就翻白眼。轮到韦尔说话时，瑞德就读资料。”

1999年夏季，瑞德与韦尔已经互不交谈，因此两个人决定把工作也分开，韦尔监督运营，瑞德则负责管理策略和新科技。理论上这样的分工不错，但实际上，瑞德的工作会牵扯到公司要花钱的地方，而韦尔也会管到花旗赚钱的领域。因此，可以说这是瑞德逐渐把大权交给了韦尔。

在美国联准会和财政部一番较劲后，终于在1999年11月通过《金融服务现代化法案》，并由克林顿总统签署生效。这样花旗集团的交易案不但获得成功，其交易过程中也设法改变了实行长达数十年的法律。

韦尔一直都在说，并购完成、公司走上正轨后，自己和瑞德会一起功成身退。1998年年底，韦尔曾告诉记者，“我们有个协议，那就是在我们离开前，要让这家公司像机器般精准、顺利运转，发挥最大效率。”但显然，可能要许多年之后，公司才能实现韦尔制订的目标，而瑞德却在交易完成不久即萌生退休之意。尽管瑞德这么多年都是勇往直前、从不退缩，却在韦尔关闭分行、重新调整全球员工福利、掌控业务时，完全没有了对抗竞争的欲望。

2. 进逼大位

1999年，花旗赚了近100亿美元，成为获利能力仅次于通用电气公司的全美第二大企业，也达到了节省 20 亿美元成本的目标。韦尔明白，这是独掌首席执行官权力的时机。因此，在 2000 年 2 月花旗集团召开董事会时，瑞德和韦尔向董事会作报告，瑞德提议两人同时退休，但韦尔却建议董事会留他专任首席执行官一职。最后董事会接受了韦尔的意见，瑞德于 2000 年 4 月 18 日退休。

2000 年是花旗丰收的一年，利润超过 130 亿美元，还有一连串成功的并购案。更重要的是，花旗的收入足足有 1/4 是来自新兴市场而非美国国内市场。董事会甚至还推选韦尔担任联邦准备银行的董事，任期 3 年。

3. “九一一”重创，展现铁汉形象

2001 年，“九一一”事件发生后，花旗在第二天就能开张营业，这归功于韦尔未雨绸缪的能力。在事发 24 小时之内，两辆花旗紧急救援车就已进驻现场，给撤离居民提供食物、毛毯和药物。韦尔主动出击，坚定了消费者的信心。

“九一一”事件给花旗集团造成了 7 亿美元损失，其中直接损失为 5 亿美元的保险理赔，另外因生意受阻损失 2 亿美元。为了应对这样的变局，韦尔也采取了严格的成本缩减及控制计划，包括裁减花旗 5％的员工。除此之外，花旗继续创造稳定的营收增长，韦尔还表示这是开展更多并购计划的好机会。虽然花旗的商业活动很成功，但大家依然等着要看韦尔最宝贝的跨售计划是否真能发挥功效。在美国，跨售业务的问题之一就是，如果客户破产，那么跨售会对公司财务造成双重影响。

4. 该退休了吧

谁能继韦尔之后担任花旗首席执行官？2002 年，韦尔已经 69 岁，却没有任何退休的意向。对这个问题，韦尔也一直避重就轻。

但韦尔常说，“我和董事会谈到接班人的问题，这显然是董事会的决定，不过作为每年赚 140 亿美元并以 20％的速率成长的公司，应该有许多优秀人才。在适当时机，这些人才中总有一位会成为公司的下一位领导者，这位继任者很有可能做得比我更好。”

九　韦尔会留下什么

20 世纪最有影响力的企业领导者名单中，包括克莱斯勒公司的亚科卡、可口可乐公司的戈伊祖塔、通用电气公司的韦尔奇、沃尔玛公司的山姆·沃尔顿，却罕有金融服务界的领导者跻身榜上。韦尔在金融界具有一席之地是因为他拥有能够预见行业走向的稀有能力，并能够采取适宜的商业策略。

韦尔在创业之初，就展现出对经纪业务实操的独特兴趣，通过这样的兴趣，韦尔发现了经纪行业已向散户发展的趋势，同时也发现了金融服务将如何重新塑造金融界走向的秘诀。

韦尔在花旗集团也继续采取相同的做法，比如，许多银行发展网络业务纯属玩票性质，但韦尔却很认真地开发花旗的网络业务。他和花旗的另一名主管密切合作，想要找出方法扭转市场形态，像当初他扭转整个金融服务行业那般出奇制胜。

花旗把电子商务的业务费由每年的5.5亿美元缩减到1亿美元以内，人员也由1600人减为100人。花旗已经改变了企业金融和资本市场的做法，也进行了网络人力资源的开发和其他效能的提升。花旗的做法是接受新观念并把它运用在已有业务上，而非根据新观念创造另外的业务。

韦尔个人已经累积了相当多的财富。据薪资专家估计，2000年韦尔全部的薪酬达2.24亿美元。过去10年，恰巧是历史上最长的多头市场之一，韦尔平均年薪达1.6亿美元，共计薪酬达十多亿美元。2001年，韦尔也和其他首席执行官一样，只收取100万美元的底薪（这是公司可以支付给个人并将之算为支出的最高价）。不过他另有1850万美元的红利，价值达870万美元的干股及相当于1.962亿美元的选择权。2002年年初，《福布斯》估计韦尔的股票净值达 14 亿美元，其中大部分都是花旗的股票。

对于评估超级富翁的方式，不论是针对洛克菲勒，抑或是比尔·盖茨，都只能由他们捐出的善款多少来判别。在慈善大联盟中，韦尔也不落人后，他曾两度捐款 2 亿美元给康奈尔大学医学院，现在康大医学院就是用韦尔的名字命名的。与其他慈善家不同的是，韦尔会付出自己的时间和精力实际参与，而不只是捐款而已。

韦尔对跨售金融服务的理念十分投入，这也使得他从只管执行交易、让数字发挥功能的企业家中脱颖而出。不过有一件事是可以确定的，就是没有人能宣称花旗的跨售失败。韦尔已经证明他有从错误中学习的能力，不能因为世人还未学会跨售业务，就判断韦尔或像韦尔的人找不到发挥作用的方法。至少在可见的未来，韦尔必然还会完成更多的交易。

人人都是赢家

Everybody Wins

原著作者简介

菲尔·哈金斯(Phil Harkins)，毕业于默里迈克学院，并拥有哈佛大学三项高等教育学位。哈金斯有多本著作，包括《高明谈话技巧》《培训领导人才之艺术与实务》（与人合著）等。

凯斯·贺利罕(Keith Hollihan)，专业作家，文章散见于各商业报刊，著作包括《开明的力量》《培训领导人才之艺术与实务》（与人合著）等。

本文编译：李芳龄

主要内容

主题看板

雷麦克斯成长启示录

雷麦克斯（Real Estate Maximums Incorporated）的英文意思是，“每个人——房地产经纪人、客户、业主以及员工，都能获得最大的收获”。它的核心理念是“人人都是赢家”。可惜这个英文全称不够简洁有力，而且太长，于是有人建议把名称缩减为更简洁、更像个好品牌名称的“R. E. Max”。但是“R. E. Max”看起来又太像人名，所以创办人戴维·李尼杰就把“R. E. Max”里的小圆点拿掉，改成斜线，再把所有字母变成大写，也就成了后来全球知名的“RE/MAX”——雷麦克斯房地产公司。

1. 租用办公桌

“租用办公桌”原本是指一种办公空间的出租模式。业主将同一间办公室内的办公桌分别出租给不同的承租人，采用这种方式的承租人大部分是资金比较紧张的创业者。“租用办公桌”后来引申出“靠行”经营的意思，多出现在房地产中介业或旅游业。许多房地产自由经纪人只向中介公司租用办公桌和电话，或者只是对外使用公司名称，但是在实际业务执行上与公司完全无关。

不仅是自由经纪人，有些规模较小的区域性房屋中介公司也会采用“靠行”的经营模式。特别是在经济形势较差、房市低迷的时候，大品牌房屋中介集团的优势更为凸显，区域性的中介者就会希望借着知名的房屋中介公司品牌以及更多可运用的资源，来提高销售速度并扩展成交机会。这种模式与加盟不同的地方在于，“靠行”的公司只会选择部分据点挂连锁品牌名称，其他据点则仍然保留原有品牌。

2. 女性经纪人

在 20 世纪 70 年代，房地产中介公司由女性经纪人占较高比例的情形是极为特殊的，而雷麦克斯即为其一。

一项早期的研究显示，即使学历与资历相同，女性经纪人的收入与职位也要比同等条件的男性经纪人低。1978 年，女性房地产中介行业从业人员的比例已经有 52%，但大多担任助理等较低的职务。担任经纪人、管理职务的女性总数只占所有人数总和的 21%。另外一项数据显示，同样拥有 18 年以上资历，并且担任管理职务的房地产经纪人，男性的业绩奖金也高于女性，差距从 10%到 70%不等，而且这种情形在大型的连锁公司特别明显。调查数据表明，男女收入比例不平均的状况在房产中介业特别明显，但在其他如保安业和保险业等行业中，女性从业人员的平均收入甚至微幅超过男性。

关键思维

从一开始，我的梦想就是创办全世界最好、

最大的房地产经销网络，一个让所有人——客户、经纪人、业主、员工，都成为赢家的组织。虽然历经三十多年，但这个梦想终于成真了。

——戴维·李尼杰

一 一个梦想

1972 年秋天，戴维·李尼杰在科罗拉多州丹佛市最大的房地产公司担任销售员，他向老板提出一个构想：他想要开一家新的房地产公司，不采用现有的行业模式，而改用一种全新的运营模式。李尼杰认为，现有的公司和销售员五五分账的佣金制度是有缺陷的，他希望开办一家新房地产公司，销售员可以保有全数佣金，只需每个月给公司上缴固定费用。不出所料，李尼杰的构想被老板斥为不切实际。

当时李尼杰虽然才二十五六岁，但已经在房地产界取得了很好的成绩。他从大学辍学后，加入美国空军参与越战。婚后，要抚养 3 个小孩的李尼杰，在进入房地产业当销售员之前，曾经尝试过几个不同领域的工作。他踏入这一行完全是个意外，当初他考取房地产经纪人执照，其实是为了替朋友购买一些待修的廉价房屋。等李尼杰开始卖那些房子时，他发现自己对销售房地产颇有些天分，于是决定在这个行业放手一试。一开始很困难，但因为他很喜欢这份工作，所以就坚持了下来，而且越做越顺手。

李尼杰同时替几家房地产公司工作，一边学习如何卖房子，成为销售高手；一边也密切观察这个行业。当时几乎所有房地产公司都采取相同的模式——中介佣金收入由房地产公司和经纪人五五分账。对大多数经纪人来说，这套方法没什么不对。但是，当你真正了解你是把自己挖掘顾客以及销售赚来的收入，分一半给贡献不大的房地产公司时，就不是这么回事了。李尼杰知道，房地产经纪人和所有有创业精神的人一样，都希望尽可能赚更多的钱。不过金钱并不是他们唯一的动力，他们希望拥有能帮助他们成功的工具，也希望拥有独立自主的空间，可以让自己充分掌握销售机会。传统房地产公司并不关心经纪人追求成长与成功的需求，只在乎抽取那50%的佣金，并且尽可能用最少的投入赚到佣金。

李尼杰认为，房地产业应该采用另一种运营模式。这个概念被戏称为“租用办公桌”，自由经纪人以“靠行”方式隶属某家房地产公司，公司则为经纪人提供工作上的部分支持服务和经纪执照，但从来没有人把这个概念应用在实际之中。李尼杰曾经试图让老板认同他的构想，但是老板认为太过冒险，宁愿维持现状。事实上，大家认为李尼杰的构想太过天真、不可行。显然没有人喜欢李尼杰的构想，也没有人像他那么热切地相信他的梦想。因此，他想辞掉工作去创业。

幸好，李尼杰已经打下了自立门户、尝试新模式的基础。这时的他已经存了一些钱，拥有几栋房子，而且在成立自己公司的同时，他也能以房地产自由经纪人的身份赚钱养家。1973年年初，业界开始传出李尼杰打算自立门户的风声，这让他的创业之路更加顺利。因为李尼杰已是业界公认的明日之星。

首先和李尼杰接触的是伟德特地产发展公司的高层，这家公司当时正在丹佛市郊开发一座滑雪场，他们询问李尼杰是否愿意担任他们的业务经理，李尼杰婉拒的同时，也向他们推销他的新创业构想。伟德特高层听了李尼杰的构想后，邀请李尼杰进一步详谈。李尼杰和伟德特的 4 位股东会面时，他们立刻就产生了共鸣，因为这 4 个人和他一样都当过军人，并且在房地产界有些成就。这些投资人很喜欢李尼杰以及他所散发的活力，建议李尼杰跟他们合作，伟德特会为他提供数十万美元的创业资金，并且以他们正在进行的土地开发项目 20％的股份换取李尼杰即将创办公司 80％的股权。

尽管这个提议来得很突然，不过李尼杰觉得和一些经验比较丰富的经营者共同创业是很好的事。那天晚上，他们一起把酒言欢，讨论新公司名称。

在这场以龙舌兰酒助兴的聚会中，他们一起决定了公司名称——雷麦克斯，也决定了公司的标准色——红、白、蓝的组合。可惜对李尼杰来说，帮忙构思品牌名称和挑选公司标准色几乎就是伟德特对新公司全部的贡献了。当他前去领取他们承诺的数十万美元创业资金时，伟德特那 4 位老板只给了他 1.5 万美元，承诺 60 到 90 天内付清余款，但是那笔资金从未到位。李尼杰后来才发现自己身陷庞大债务之中，这些债务是在他入股伟德特之前，他的合作伙伴就已经欠下的。

关键思维

短期来看，佣金五五分账的制度对公司有利，但是长期来看却有害，因为经纪人从公司那里得不到什么回报，总是很快就会离职。李尼杰知道，客户是向经纪人买房子，而不是向公司买房子，但他仍然喜欢公司的经验与形象，他也了解公司培训、支持制度、品牌和市场知名度的价值。但是，他忍不住怀念早期在“租用办公桌”靠行模式下工作的日子。有一天，李尼杰坐在小餐馆里喝着咖啡，思考“租用办公桌”的概念为什么会吸引人时突然顿悟，他想出了一个更完美的构想。答案并不是哪个概念比较好、哪个比较差，而是要把两者结合起来。如果有一家公司能结合公司的声誉、专业、经验，以及“租用办公桌”靠行模式的创新精神，那么这家公司将会所向披靡：经纪人会受到金钱上的激励，又可以获得系统的培训，并且可以自由追求成功与成长；购房者可以获得经纪人更专业的服务以及更长期的保障，因而大大受惠。同时，这种模式也会吸引经纪人蜂拥而至，所以房地产公司的生意会有惊人的成长。

——菲尔·哈金斯　凯斯·贺利罕

二 初创时期

李尼杰用伟德特公司给他的1.5万美元租了两间办公室和一个接待区，并开始刊登广告招聘行政人员。他总共面试了22个人，最后决定聘请拥有营销与管理学位的盖尔·梅恩负责这项工作。梅恩曾经任职普瑞纳宠物食品公司，一直想加入比较有创业精神的公司。

李尼杰认为，雷麦克斯的概念最先吸引的应该是那些已经有业务基础的经纪人。在他看来，支付月费到雷麦克斯这块招牌下打拼自己的事业，这个概念的好处想都不必想就可以知道。他在《丹佛邮报》上刊登了一则广告——如果可以独自拥有全部佣金，干吗要分给别人呢？

李尼杰这么做等于是打破了房地产业的不成文规定。这则广告引来了一千多个咨询电话和

204 人面试，但是最后只有 4 人签约成为雷麦克斯的经纪人，而且这 4 人当中有 3 人是女性。房地产业高层向来是男性的天下，雷麦克斯这套理念受到女性经纪人的热烈欢迎，把这种方式当做展示能力的机会。事实上，在雷麦克斯成立的初期，大约 75％的经纪人是女性。

公司成立之初，主动和雷麦克斯接触的经纪人比李尼杰主动招募的还要多，这些早期加入的经纪人认为，这是让自己搭上奔向成功列车的机会。李尼杰和这些房地产经纪人谈话时，总是推销自己的梦想，并告诉他们："我们将会扩张至全州，然后是全国各地，接着会进军外太空！"

雷麦克斯早期聘用的经纪人中，部分人承担起公司创业的艰巨任务。其中有一个人向李尼杰提议，让他到全美各地销售雷麦克斯的加盟权，李尼杰回答："老实跟你说，我没有钱可以付给你，但我们确实要把品牌的使用权销售出去。如果你能把加盟权卖给全美各地的房地产中介公司，那么这笔收入的 50%就归你。”他们就这么握手言定，开启了雷麦克斯加盟计划。

雷麦克斯的初期员工非常拥护这个运营模式，甚至把赚来的部分佣金拿来购买雷麦克斯的加盟权，然后雇用经验丰富的销售员来替他们经营，他们认为这种方式有助于扫除大家对雷麦克斯概念是否可行的疑虑。同时，这种运营模式也证实其利润很高，仅 1977 年一年，雷麦克斯就在全美各地卖出了 110 个加盟权。

关键思维

对雷麦克斯的开路先锋来说，那是一段“我们挑战世界”的历程，最早加入公司的五十多位员工，都毫不吝惜地付出时间和精力想实现这个梦想。他们每天工作 12 小时，每周工作 7 天。如果你早上 6 点半进公司，可能会发现自己是最晚到的那个人。后来大家开玩笑，想看看最早进公司的人能有多早到。费雪有一天早上 5 点进公司，他以为第一名一定非自己莫属，结果却撞见李尼杰穿着短裤、汗衫在地上爬来爬去。原来李尼杰整晚都在公司加班，因为他想在第二天上班之前就把一大批邮件寄出去。四周散落了一地的信封、宣传册子和邮票，他趴在地毯上，正忙着把宣传册子装进信封里。见状，费雪脱掉外套、解开领带，也跪到地上帮忙，陆续抵达的其他员工也加入进来。要是有人从门口向里望，只看桌面的话，可能会以为办公室空无一人，因为每个人都趴在办公桌下。

——菲尔·哈金斯　凯斯·贺利罕

三　跨越障碍

尽管雷麦克斯扩张得很快，但是早期资金还是非常紧张。李尼杰和梅恩有很长一段时间完全没有薪金。另外值得一提的是，房地产经纪人委员会对雷麦克斯公司的经营模式以及从其他中介公司挖人感到不安。

在有些场合，该委员会成员威胁要以违反章程与附规的理由，把李尼杰和雷麦克斯公司逐出委员会。每当李尼杰获得发言机会，他都会向委员会下战帖："我告诉你们，你们今天的所作所为是妨碍商业自由。你们这是违反《反托拉斯法》的行为，任何人违反《反托拉斯法》都得坐牢。我去打越战，为的不是回过头来听你们告诉我，说我不能用更高的薪水雇用你们的经纪人。我要对你们提出刑事控告，我拒绝再参加任何这类会议，因为那会使我成为你们操纵价格的共犯。”最后，委员会打了退堂鼓，李尼杰不花律师费就打了胜仗。

在雷麦克斯成立的1973年，美国房地产业还是一个比较小的行业。当时有些公司，例如21世纪、年代、红地毯等房地产公司都试图通过加盟模式扩张到全国。李尼杰仔细研究了这个行业的加盟方法，很快就了解到，虽然他的100％佣金制度是个有利的竞争基础，但是还有其他更重要的竞争因素。李尼杰认为，雷麦克斯最终制胜的关键不在于经纪人赚更多的钱，而是雷麦克斯给了他们过更好生活的机会。

李尼杰知道，雷麦克斯做的不是房地产生意，而是房地产经纪人的生意，公司真正的客户并不是房地产市场上的购房者，而是满足购房者需求的房地产经纪人。李尼杰在他发布的第一份新闻稿中指出，雷麦克斯无法满足所有人的所有需求，因此雷麦克斯会专攻最有潜力的经纪人，但这并不表示雷麦克斯会忽略其他房地产公司视为真正客户的购房者。其实刚好相反，雷麦克斯相信，如果它们比其他房地产公司更善待经纪人，那么经纪人为购房者提供的服务就会比其他房地产公司要好。李尼杰认为，雷麦克斯若是给旗下经纪人提供最好的培训与服务，那么终端客户——购房者就会获得最好的服务。

在这个前提下，李尼杰告诉经纪人要做好以下 5 件事。

◎推销自己——而不是推销他们服务的公司。经纪人可以使用雷麦克斯品牌强化自己的形象，但是所有的推销都应该以让顾客再度上门为目标。

◎拥有私人办公室——不要在公用办公室的小隔间里工作。

◎使用个人助理——协助处理所有后勤工作，例如撰写广告文案、到代售的房屋发布“出售”招牌、处理所有文件。雇用个人助理处理这些行政工作，经纪人便能增加和客户面对面接触的时间，这么一来，自然能增加多做生意的机会。

◎取得行业认证——通过学习取得资格认证。借此可以鼓励经纪人把自己的执照醒目地打印在所有的广告中，同时也可以鼓励经纪人利用上课机会来拓展人脉，因为上课会认识其他城市的经纪人，而这些经纪人会介绍生意上门。

◎参加当地房地产经纪人协会及行业团体的选举——以改变人们对雷麦克斯运营模式的认知。

1973年雷麦克斯成立时，只招聘到4位经纪人。2004年，雷麦克斯旗下的经纪人已经将近10万名，大约是全美房地产合格经纪人总数的7.5%。雷麦克斯的目标是拥有全美15%的合格经纪人。由于雷麦克斯网罗的都是最优秀的经纪人，因此雷麦克斯认为，这15%的经纪人将能完成全美数十亿美元房地产业40%的销售量。2004

年，雷麦克斯的市场占有率大约是16％。

尽管雷麦克斯后来成功了，但是在初创期很少有人认为他们能有什么了不起的成就。早期大家以满腔热情推动业务，但实践操作上仍有许多不尽完善的地方。举例来说，他们组成了一支“霹雳营销团队”，这支团队会飞到某个城市，拜访每一位有执照的房地产销售员，邀请他们参加免费的研讨会。李尼杰会随后飞抵，主持晚上的研讨会，阐述雷麦克斯的理念，然后“霹雳营销团队”会进一步推销雷麦克斯的加盟权。下个星期他们又打包行李，飞往另一个城市。这并不是房地产业典型的做法，所以引来了相当不好的评论。

李尼杰从不会把某个地区的加盟权独家卖给某人，反而会在同一个区域内尽可能授权加盟店。因为他的理念是，销售网络越强大，大家越能相互支持，并带来更多生意。李尼杰知道，雷麦克斯经纪人一般有七成的生意来自其他经纪人转介或者之前的客户再度惠顾。因此，雷麦克斯的经纪人和加盟店越多，顾客名单就越长，品牌知名度就越高，广告折扣也会越大，公司所能提供的培训就越好。利用这些网络效应，雷麦克斯就能快速成长，其最大的成就不是来自新开发的地区，而是来自雷麦克斯品牌已经扎根的地区。

雷麦克斯一直在稳定地增长——过去如此，现在仍然如此。从一开始，李尼杰就知道他无法和大型房地产公司竞争，那些大公司有用不完的资金，而且永远会有更强大的公司加入战局、吞掉竞争对手、投入更多资金、不惜代价打响品牌。雷麦克斯唯一的竞争优势是“人人都是赢家”这项原则。雷麦克斯让中介公司赚钱、成功，让经纪人有充分的自由来推销自己，像创业般打造自己的事业，雷麦克斯通过这些方式使中介公司以及经纪人利益均沾。相比之下，大多数大公司都有从属文化，即使是加盟的公司也逃不掉。总公司大权在握，传达的信息很明确：你们的成功全是仰仗我们的品牌力量，没有我们的品牌，你们什么也做不了。

雷麦克斯希望创造出不同的企业文化。雷麦克斯鼓励经纪人推销自己，而不是推销他们所属的中介公司，这一点虽然和一般公司的认识不一样，却是聪明的做法。传统上，房地产公司向来是这个行业的火车头，经纪人只不过是上面一个小小的轮子。雷麦克斯颠覆了这种观点，让经纪人成为房地产业的中心，如果经纪人做得好、业绩增长，就会带动整个行业的发展。

为了使公司继续茁壮成长，李尼杰指派区域负责人负责设立据点、招聘及重复培训经纪人，并销售加盟权。这些区域负责人自己想出了一些有趣的构想，例如他们提出的“暂时伙伴方案”。在这个方案中，他们同意让仍在考虑是否加入雷麦克斯的经纪人可以和他们共事3个月，赚取60％的佣金。3个月结束后，这些经纪人可以选择继续维持现状，或是投靠雷麦克斯，赚取100%的佣金，并向雷麦克斯支付月费。这项方案提供了缓和的过渡期，许多经纪人经过这3个月的试验期之后，选择加入雷麦克斯。

新墨西哥州的区域负责人比尔·艾可斯还想出了利用热气球来创造雷麦克斯品牌识别的方法。在没有告知李尼杰的情况下，艾可斯和几位同事买了一个热气球，印上雷麦克斯的品牌标识，带到在爱伯库克举办的热气球节。有些电视台拍摄到这个7层楼高、有雷麦克斯标识的热气球，该节目播出时给人留下了非常深刻的印象。新墨西哥州团队还想出了“高人一等!”的口号。尽管如此，李尼杰对这个构想几乎没有兴趣。一直到其他地区也开始打造自己的热气球，而且问卷调查也显示热气球广告有助于在消费者心中建立品牌知名度，李尼杰才同意用热气球作为雷麦克斯的企业标识。

关键思维

如今，美国的房地产经纪人平均每人的广告支出将近 1 万美元。雷麦克斯的广告预算大部分用在网站、个人宣传册、分类广告以及其他宣传方式。雷麦克斯的经纪人几乎不需要任何成本，就可以让世界各地 10 万名经纪人为他们打广告，提醒客户他们有优秀的服务与声誉，其影响力之大，难以估量。

——菲尔·哈金斯　凯斯·贺利罕

四　面对困难

李尼杰成立雷麦克斯时，接受了伟德特地产发展公司提供的1.5万美元创业资金。伟德特公司破产时，债权人找上李尼杰，因为他当年签约成为伟德特公司的合伙人。

此外，还发生了以下3件事。

◎美国联邦调查局怀疑雷麦克斯有骗取贷款行为而对该公司进行调查——事实上，雷麦克斯的业务中根本不包含办理房贷。

◎美国证券交易委员会调查雷麦克斯是否涉嫌欺诈释股——事实上，雷麦克斯从未发行过股票。

◎科罗拉多州房地产委员会调查雷麦克斯的财务问题，并发函申诫该公司会计账务不实。因为该委员会发现银行未能对一张遗失的银行本票发出止付手续费的要求，导致雷麦克斯有一个信托账户里多出了1美元。

显然，房地产业不经过斗争是不会放弃传统佣金拆账观念的。李尼杰付不起律师费，只好亲自披挂上阵，这些事耗费了他大量的时间与精力。

雷麦克斯早期面临的许多问题都是外部环境引起的，但李尼杰也给自己制造了一些麻烦。由于负债，李尼杰很快就发现他发不出薪水，先是他自己停止领取薪金，接着是梅恩。有两年之久，李尼杰靠信用卡度日，由于没有薪水，他的信用也就每况愈下。由于李尼杰无力支付账单，债权人开始发出存证信函，他的电话也被停机。致命的一击是，美国国税局威胁要查封雷麦克斯的办公室。欠缺生意经验的李尼杰天真地以为国税局和其他债权人一样，不知道欠税可能会让公司马上关门。面对危机，李尼杰决定不申请破产，但是他自己也不得不承认，他真的不知道雷麦克斯要怎么撑下去。

李尼杰把全部精力放在销售和招聘经纪人的工作上，梅恩则负责应付债权人，她一个个联络他们，协调出双方可以接受的付款方案。她把雷麦克斯的账本拿给他们看，说服每一个债权人相信，只要让雷麦克斯继续运营下去，他们拿到钱的机会就更大。

此时，雷麦克斯那些最成功的经纪人都没有离去，他们相信李尼杰和他的梦想。不论发生什么事，李尼杰总是会抽出时间与经纪人联络，他们也善意回应，因为李尼杰总是设身处地为他们着想。

传统的大型房地产中介公司会尽量拖延支付佣金的时间，以此刁难经纪人，拖上一个月是常有的事，迫使经纪人在撑不下去时找经理，毕恭毕敬地询问可不可以“预支”薪水。李尼杰认为，这是对经纪人的羞辱。李尼杰的作风不同，他说：“好，项目了结的当天，我们就付你佣金。”雷麦克斯开了一个独立的经纪佣金账户，让债权人无法动用这个账户，同时也确保经纪人在交易结束后数小时内便可领取佣金支票。李尼杰认为，就算老板靠信用卡度日、勉强糊口，经纪人自己赚的钱也应该立刻进到他们的钱包。在连知名公司的经纪人都感到非常拮据的经济不景气时期，这种替经纪人着想的举动能令人万分感动，也使雷麦克斯得以继续成长。

随着事业不断发展，李尼杰也面临一些权力斗争问题。雷麦克斯分公司的经理人曾经试图成立一家新公司以摆脱雷麦克斯的债务，不过李尼杰设法解除了这个威胁。雷麦克斯似乎是在一个接一个的危机中蹒跚前行，但是一路走来也有好事情发生。1976 年，雷麦克斯在堪萨斯市成立第一家加盟店，在接下来两年内，加盟店增长到一百多家，包括在美国华盛顿特区、加拿大卡加利市也设有据点。1977 年年初，李尼杰把美国市场分成几个区域，开始销售地区总加盟权。

雷麦克斯创立初期还发生了另一件非常幸运的事。在加拿大拥有6个据点、160位员工的房地产公司老板法兰克·波兹勒加入了雷麦克斯阵营，他以2万美元向李尼杰买下加拿大东部的加盟权之后开始拓展市场。他第一年卖出30个加盟权，第二年又卖出30个。最重要的是，加拿大市场的惊人扩张恰好发生在美国经济陷入衰退的时期，来自加拿大加盟权销售的收入使雷麦克斯得以撑到20世纪80年代中期美国房地产市场再度复苏。

在这段时间，李尼杰的私人生活也历经了剧烈的变动。李尼杰的婚姻在事业的压力之下破裂，同时他和同病相怜的梅恩坠入爱河并计划结婚，但是梅恩在1983年10月遇上严重的飞机失事，受了重伤。李尼杰把雷麦克斯的日常运营交给其他人代为管理，全心陪伴梅恩。李尼杰在这段时间大量阅读商业管理类书籍，同时与管理团队的重要成员保持良好的工作沟通。通过这种方式，李尼杰虽然人不在公司，但还是能掌握业务动态。等到梅恩 1984 年 3 月出院时，显然最糟的情况都过去了，他俩于 1984 年年底结婚。

五　让梦想成长

雷麦克斯运营模式的优点之一是弹性较强。这些年来，行得通的就保留，行不通的就舍弃，李尼杰从来不认为自己知道所有答案。当加盟商想出任何创新做法时，李尼杰都会很高兴，并且迫不及待地要采纳。只要新构想与雷麦克斯“人人都是赢家”的基本理念契合，都会被采用。

举例来说，雷麦克斯一家分公司持续一年完整记录运营所需的固定成本，然后依照这些数据向旗下经纪人解释，他们在未来一年必须支出的固定成本，并从经纪人的佣金中自动扣除，而不必在每个月月底给他们账单。这样，经纪人就能够专心创造更多业绩，不必再花精力与时间计算每笔费用是不是正确。此外，有些中介公司通过提供额外服务来帮助经纪人增加收入，例如履约保证、产权保险、房贷等，一旦证实这些方法对公司的发展有益，它们就会被采纳并用于整个雷麦克斯集团。雷麦克斯日益提升的专业程度也让公司更容易招聘到顶尖的经纪人。

老鹰不会群聚，顶尖人才也像老鹰一样，不会渴望与众人为伍。换句话说，他们独来独往，希望比别人飞得更高。他们有不同的能力，不需要别人来告诉他们该做什么。雷麦克斯的管理层不只是招聘顶尖经纪人，还主动搜寻，而且不是把这当成副业，也不是重要工作之余才偶尔为之，为雷麦克斯储备最优秀的人才是他们最重要的工作。

有趣的是，在经济不景气时，雷麦克斯的吸引力反而更强。经济状况好时，几乎所有房地产经纪人都能有不错的业绩，但是不景气时，脱颖而出的是最有效率的经纪人。雷麦克斯的运营模式再加上品牌力量、网络转介以及优异的培训，使其在市场上不断领先，这也是为什么雷麦克斯运营三十多年来从没有任何一个月出现负增长的原因。

老鹰虽然不群聚，但是有其他老鹰在四周时，它们会更努力。如果表现优异的人和其他同样聪明、自信、成功的人共事，就会受到激励，继续力争上游。他们看着别人的成就，心里会想："如果他们做得到，为什么我做不到？"他们会因为做到了绩效平庸者认为不可能做到的事而获得快感，雷麦克斯的运营模式刚好可以满足这种内在的需要。

雷麦克斯有一项绝对的优势——比任何竞争对手更快地落实构想。李尼杰非常喜欢带头推动任何对雷麦克斯有利的新计划，他会指派对新构想具有热情的人去处理所有细节，但他会在一旁盯着以确保万无一失。

举例来说，1994 年 5 月，李尼杰决定设立一个私人电视网，每天通过卫星向雷麦克斯各分公司上传 4 个小时培训课程。他要在半年的时间内落实这个构想，这个准备时间短到近乎疯狂——以业界标准来说，这项工作大约需要 2 到 5 年才能完成。李尼杰外聘一位有经验的顾问，把接下来 3 个月时间都空下来，立即展开行动。他以其他公司使用卫星电视的成效为标杆，协商好卫星时段，安排好制作节目的设施，列出节目表。雷麦克斯卫星电视网于 1994 年 11 月开播，立即在房地产业产生了显著影响。

房地产界没有人见过这样的培训。雷麦克斯的这一创举在房地产经纪人脑海中留下了难以超越的印象。在培训与指导方面，雷麦克斯是房地产界的领导者。尽管一年前雷麦克斯已经提供了这些培训与指导课程，但几乎没有人给予雷麦克斯如此高的评价。全美房地产经纪人协会察觉到这项远程教学方法的好处，很快就采用这种方法传送自己的教材内容。到了 2004 年，已经有超过 6 万名北美地区的雷麦克斯同仁能够在自己家中或办公室里舒适地学习专业认证课程、继续教育课程及黄金时段现场直播的指导课程。雷麦克斯卫星电视网不是象牙塔里的讲台，也不是华而不实的门面，而是对整个行业的一大贡献。有数万名雷麦克斯业务人员在这个平台上公开分享他们做生意的秘诀，在这个过程中推销自己，同时也使大家都受益。虽然雷麦克斯展现了新的技术能力，但是李尼杰仍然十分清楚自己做的不是房地产电视台生意，而是房地产经纪人的生意。

李尼杰以超乎常人的精力与专注力留意问题即将发生的最初征兆，他也经常制订一些有趣的计划。比方说，他迷上了一项热气球直飞环游世界的计划。最后天公不作美，这项计划不得不中止，不过这项科学冒险计划也带来了幸运——替雷麦克斯品牌创造了极好的宣传效果。

李尼杰还有一个非常独特的管理风格，那就是他从不避讳自己很需要有人贡献新的构想。

关键思维

李尼杰和雷麦克斯的其他领导者都密切关注第一线人员的想法与说法，这是雷麦克斯管理团队的一项重要特质。李尼杰精通房地产运作规律，但是他谦称自己不可能无所不知。在李尼杰和最早加盟的经理人与经纪人胼手胝足、坚持梦想的初创时期，李尼杰会不断问大家：你会怎么做？你认为应该怎么做？你认为什么方法可行？这不是假装谦虚，而是因为李尼杰有好奇心、对新奇有效的好方法持开放态度。李尼杰鼓励雷麦克斯的员工仿效大型创意实验室的模式，尝试各种新试验。雷麦克斯旗下的中介公司和经纪人非常具有创业精神，投入极大的热忱与努力做他们认为正确的事。何必压抑这样的投入与创造力？中介公司和经纪人才是了解当地环境的人，与竞争对手实际较量的是他们。在一个人人都是赢家的体系里，必须松开缰绳，让大家在明确的原则下追求自己的最大利益。这并不表示李尼杰必须替每一个构想背书，他对整个体系肩负的责任太重，不可能事必躬亲。事实上，雷麦克斯体系里的创意构想太多了，所以只要李尼杰对某个构想表现出特别感兴趣的样子，必然会导致其他中介公司与经纪人一窝蜂地跟进。

——菲尔·哈金斯　凯斯·贺利军

六　再创辉煌

雷麦克斯在1973年成立，用了10年时间才成为拥有近5000名经纪人的公司。1993年，雷麦克斯旗下已经拥有3.5万名经纪人，成为全世界最大的房地产中介公司。2003年，雷麦克斯的经纪人超过9万名，在45个国家设立了分支机构。随着知名度提高，大家突然开始谈论起雷麦克斯，把它当成是一夕成功的故事。

在快速惊人的成长背后，值得注意的是，不论是在艰难的初创10年还是接下来稳步成长的20年，雷麦克斯始终如一地坚持梦想。确切地说，他们有9项经验值得人们借鉴。

◎雷麦克斯的核心领导团队始终没变——对任何一家超过30年历史的公司来说这都是相当令人印象深刻的。管理层的成员会因为个人原因与专业因素来来去去，但是该公司新进的管理人员都是和原来的管理团队相互衔接，从来没有管理团队整批变动的情况。

◎雷麦克斯一直坚持一贯的核心策略，也就是由加盟的分公司在当地招聘经纪人而逐渐成长。

◎雷麦克斯从未改变梦想——通过为经纪人提供最高佣金的方式建立全世界最大的房地产中介网络。最早雷麦克斯让经纪人取得100％佣金的制度后来演变成经纪人取得95％佣金，其余5％归公司。这是因为1973年只需花费1万美元就可以设立一个新运营机构，如今设立一个新机构的投资相当可观。

◎雷麦克斯从未改变品牌、标准色或商标——对一家有30年以上历史的公司来说，这也相当不容易。雷麦克斯一贯使用的公司名称、红白蓝标准色、“高人一等！”的标语以及热气球的商标打造出了巨大的品牌效益与极高的知名度。如今随着雷麦克斯扩展至更多国家，其品牌知名度也越来越高。

◎雷麦克斯从未改变成长方式。李尼杰在管理梦想和扩展梦想这两者之间求取平衡时总是让自己身边围绕着优秀经理人。

◎雷麦克斯从未改变核心理念。李尼杰一贯宣扬的理念是：房地产经纪人才是雷麦克斯真正的客户，唯有为经纪人提供追求个人成功所需的阶梯，雷麦克斯才会成功。雷麦克斯一向认为，要创造快乐的购房环境，最佳的方法就是让提供服务的经纪人都很快乐。

◎雷麦克斯在国际市场的成长主要是靠各国经纪人的驱动。他们知道雷麦克斯在美国的故事，十分渴望把同一套理念应用在他们自己的市场，这使得雷麦克斯能持续成长。

◎雷麦克斯使女性经纪人可以和男性经纪人赚一样多的钱——不要小看这一点。在雷麦克斯成立之前，房地产销售业务是男性的天下，雷麦克斯让女性可以与男性公平竞争。

◎雷麦克斯总是回报社会及公司所在地的社区。通过给慈善机构捐款或采取其他实际行动回报社会，这也是雷麦克斯成长不可或缺的一部分。

截至2004年，雷麦克斯创造了8项令人印象深刻的成就。

◎雷麦克斯在美国的经纪人数量占全美房地产经纪人总数的7%，在加拿大则占房地产经纪人总数的18%。

◎如果雷麦克斯是一家上市公司，那么就必须公布旗下经纪人付给该公司的费用，仅这项收入足以让它名列“《财富》杂志200强企业”。

◎仅2004年，雷麦克斯在全世界的房地产交易额就高达3600亿美元至4000亿美元，而全世界最大的零售业者沃尔玛百货2004年的总营业收入还不到3000亿美元。

◎雷麦克斯如今每年的广告支出超过10亿

美元。

◎雷麦克斯旗下约有 10 万名经纪人。

◎雷麦克斯是全世界最大的房地产中介品牌，有超过 5000 个分支机构。

◎雷麦克斯依然是一家未上市公司，主要靠增加经纪人人数维持成长。

◎成立以来，雷麦克斯从未有任何一年出现负增长。

关键思维

没有梦想，什么都不会发生。

——卡尔·桑德堡

你的概念唯一需要有创意的地方，就是如何把这个概念应用在你要解决的问题上。

——爱因斯坦

七　成功经验

雷麦克斯实现了最初的梦想。下列 4 项重要原则是它成功的经验。

1. 扩展梦想与管理梦想达成动态平衡

雷麦克斯根据一个梦想而成立——要成为全世界最大、最棒的房地产中介公司。唯有让人人都成为赢家，这个梦想才会成真并且持续下去。为了让其他人也有同样的梦想，并且共同推动公司成长，必须在管理梦想与扩展梦想这两者之间达成动态平衡。

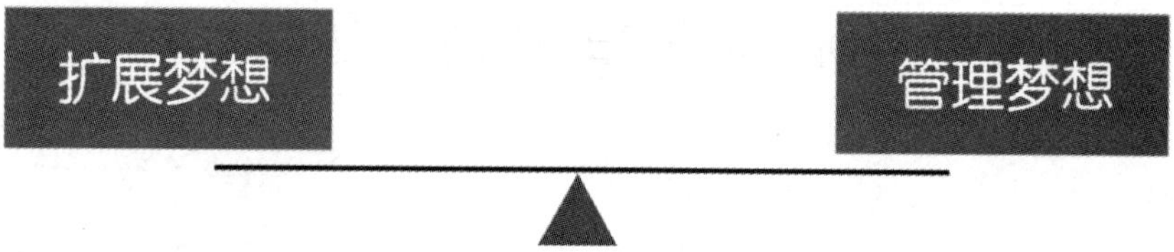

在扩展梦想方面，包括以下 3 项要点。

◎聘请合适的人才。

◎持续经营品牌。

◎妥善有效地管理成长方案。

在管理梦想方面，包括以下 3 项要点。

◎建立学习型组织。

◎以简单明确的利润指标为依据。

◎建立良好的运营制度。

雷麦克斯在这两者之间取得了很好的平衡，所以能持续成长。在管理梦想与扩展梦想的平衡中，李尼杰是倾向扩展梦想这一端的，因此他总是让他身边环绕着善于管理梦想的人，这样的组合让整个公司能够不断前进而不失衡。

在每一个雷麦克斯成功发展的地区都维持着这样的平衡。通常这些地区都有两位有力的领导者，一位擅长推动成长，另一位则擅长管理成长，这两股均衡力量产生了极大的动力。

2. 领导层亲自参与

雷麦克斯之所以能够持续成长，是因为领导者亲自推动公司向前发展，他们不只分派工作，还亲自参与并全力推动公司成长。

雷麦克斯的典型运作方式如下。

◎领导者负责掌管公司发展方向。

◎领导者拟定战略的设计构想。

◎将战略各个层面的工作分派下去。

◎由下而上拟定计划。

◎在适当时机交接计划。

3. 视情况调整实际做法

每个地区都不只是把其他地区有效的做法直接移植过来，他们会把那些做法借用过来后设法改良，以符合当地环境的需要。“人人都是赢家”的理念不变，但实际做法会因各地情况而调整。

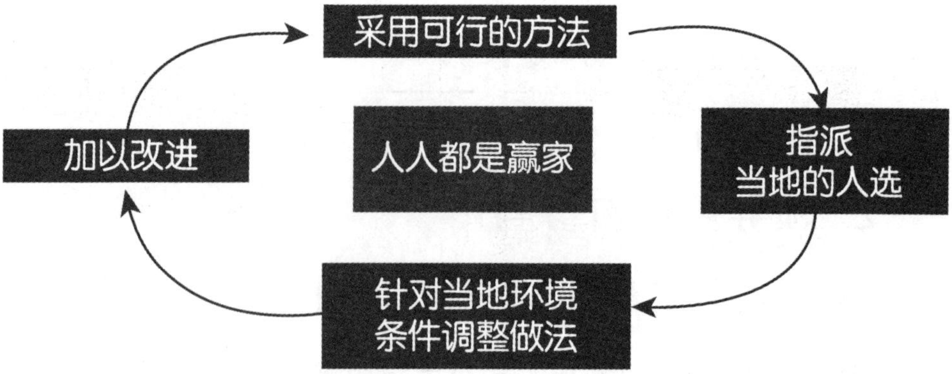

4. “畅通”的企业文化

雷麦克斯之所以能够持续成长，原因之一是雷麦克斯有一种“畅通”的企业文化。这里所谓的“畅通”是指，创新会受公司欢迎、不会被压抑。有了这种畅通的企业文化，每当有新构想融入最初的梦想时，公司就会产生一股新活力。新构想会符合最初梦想的需要，不会和最初梦想互相冲突。

雷麦克斯的畅通文化可以利用下图来说明。

在三十多年的运营中，公司“畅通”的企业文化策略（方向一致）、新人才（怀抱相同的梦想）和不断学习（发展尖端技术与能力）使得雷麦克斯实现了伟大的梦想，也使得雷麦克斯在房

地产业创造了不凡的业绩，而且未来还会继续取得更大的成就，因为公司各个层面会继续提出创新方案。

一旦公司拥有畅通的企业文化，就能实现梦想。拥有畅通企业文化的公司，在作决策、招聘顶尖人才，以及孕育、培养、产生创新构想各方面，都会更得心应手。这种畅通的企业文化也是公司在追求效益增长与管理发展之间维持最佳平衡的产物。